PARE DE GASTAR

Estratégias para Eliminar Hábitos de Desperdícios

COMECE A GERENCIAR

CB055115

TANYA MENON •• LEIGH THOMPSON

PARE DE GASTAR

Estratégias para Eliminar Hábitos de Desperdícios

COMECE A GERENCIAR

M.Books do Brasil Editora Ltda.

Rua Jorge Americano, 61 - Alto da Lapa
05083-130 - São Paulo - SP - Telefone: (11) 3645-0409
www.mbooks.com.br

Dados de Catalogação na Publicação

Menon, Tanya e Thompson, Leigh.
Pare de Gastar, Comece a Gerenciar/ Tanya Menon e Leigh Thompson
2019 – São Paulo – M.Books do Brasil Editora Ltda.

1. Negócios 2. Administração de empresas 3. Gerenciamento

ISBN 978-85-7680-314-0

Do original em inglês: Stop Spending Start Managing
Publicado originalmente pela Harvard Business Review Press

© 2016 Harvard Business School Publishing Corporation
© 2019 M.Books do Brasil Editora Ltda.

Editor: Milton Mira de Assumpção Filho

Tradução: Ariovaldo Griesi
Produção editorial: Lucimara Leal
Editoração e Capa: Crontec

2019
M.Books do Brasil Editora Ltda.
Todos os direitos reservados.
Proibida a reprodução total ou parcial.
Os infratores serão punidos na forma da lei.

Sumário

Agradecimentos

Uma das recompensas de nosso trabalho como docente é estarmos cercadas por gestores e executivos brilhantes, que estimulam nosso pensamento todas as vezes que damos uma aula. Em geral, este aprendizado ocorre depois das aulas quando estamos fechando nossas apresentações em PowerPoint e guardando nossos *laptops*. É neste momento que os alunos se aproximam do púlpito e nos desafiam de maneiras únicas.

Através dessas conversas, chegamos à conclusão que há três tipos principais de questionadores. O primeiro deles é ávido por mais ideias – nos pedem mais livros e teorias para aprofundar o entendimento deles dos conceitos. O segundo é, basicamente, focado nos problemas. Estes executivos estão frustrados com uma dada situação e, geralmente, assumem o quadro-negro, delineando suas estruturas organizacionais, os tipos de personalidade envolvidos e todos os detalhes dos problemas que por tanto tempo os consome. Eles querem resultados *já*.

Este livro é dedicado a um terceiro tipo de executivo que assiste às nossas aulas – aqueles que combinam essas duas abordagens. Eles estão interessados em "ideias que possam ser transmitidas", querem pegar o conhecimento adquirido e colocá-lo em prática. Normalmente, eles são extremamente humildes, estão olhando para dentro de si e sabem que podem realizar mais com seus conhecimentos, talentos e *staff*. Juntamente com a introspecção, esses executivos também estão olhando para fora – levando e experimentando ideias e conceitos em suas equipes para estimular o próprio potencial deles e de terceiros. O presente livro é o resultado de décadas de conversas que tivemos com esses indivíduos especiais. Eles nos mostraram em primeira mão como executivos que se veem diante de problemas aparentemente impossíveis de serem resolvidos encontram soluções e obtêm ação com pulso.

Este livro se baseia em conceitos de diversos campos do saber, especialmente administração e psicologia. Iremos destacar algumas de nossas próprias descobertas de pesquisas nessas áreas e que foram conduzidas em estreita colaboração com nossos conselheiros, alunos e outros docentes. Em conjunto, criamos, desenvolvemos e testamos conceitos com esses colegas, certas vezes ao longo de mais de uma década, e eles influenciaram profundamente nosso modo de pensar e escrever. Somos gratas pelo apoio de nossas respectivas universidades, a Fisher College of Business, da Ohio State University, e da Kellogg School of Management, da Northwestern University. Estamos particularmente em débito com a equipe do Kellogg Team and Group Research Center (KTAG), que ofereceu apoio de pesquisa: Joel Erickson, Ellen Hampton e Larissa Tripp, bem como a ajuda editorial de Craig Boreth, Tessa Brown e Zoe Mendelson. Nossa editora-chefe da Harvard Business Review Press, Courtney Cashman, e Melinda Merino personificam o espírito perspicaz de indivíduos que de forma tão natural trafegam pelo mundo das ideias e da ação pragmática. Finalmente, gostaríamos de agradecer nossos colaboradores invisíveis – nossos pais, maridos e filhos – que nunca aparecem como nossos coautores em artigos acadêmicos ou como sócios em nossos negócios, porém nos dão sabedoria e apoio incondicionais.

CAPÍTULO 1

Como os Gastos Acabam Substituindo a Gestão

Ao longo do último ano, Sandeep dedicou-se a liderar o que ele próprio chamou de "uma equipe apenas de fachada".[1] Nesse ponto, já se sentia quase derrotado. Ele reservou um momento para considerar como as coisas haviam chegado a tal ponto e a que custo.

Na qualidade de diretor executivo de uma empresa de software multinacional, Sandeep tinha como tarefa elaborar uma visão estratégica e conseguir a adesão de peças-chave dentro de sua equipe multidisciplinar. Enfrentando novos concorrentes em um mercado já saturado, havia pouca margem para erros. Porém, mesmo antes de ele assumir, tudo já jogava contra ele. Seus dois antecessores haviam gasto mais de US$ 5 milhões em pesquisas, grupos de foco, estudos etnográficos e análises de mercado. No final das contas, eles não conseguiram implementar uma visão estratégica funcional. Um dos diretores anteriores foi rebaixado de posto, enquanto o outro deixou a empresa.

Agora é a vez de Sandeep estar no comando. Ele percebeu imediatamente que os grupos técnico e de *marketing* de sua equipe eram incapazes de chegar a um acordo quanto a quais projetos seguir. O grupo de *marketing* queria vender os produtos rapidamente e reduzir o número de ofertas de produto para apenas aqueles de maior sucesso. Já o grupo técnico queria empreender vários projetos diferentes em diferentes estágios de desenvolvimento. Para o pessoal técnico, o foco do grupo de *marketing* era "despretensioso". Para o *marketing* as ambições do grupo técnico eram "uma utopia" e impraticáveis. As reuniões eram contenciosas, ineficientes e contraproducentes.

Sandeep fez o máximo possível para quebrar o impasse. Numa tentativa de fazer com que os grupos conversassem entre si, ele criou oportunidades para que eles, regularmente, ficassem a par das novidades através de videoconferências. Mesmo assim, o quadro de impasse persistia. Em suas conversas à parte com cada membro da equipe, tudo o que foi revelado foram acusações mútuas. Ele gastou milhares de dólares na organização de um retiro fora da empresa, porém tão improdutivo quanto as videoconferências. Ambos os grupos continuavam a defender as soluções de sua preferência sem ouvir ou obter algum ensinamento do outro.

Sandeep contratou ainda um outro consultor cuja proposta era mais um estudo etnográfico dos usuários. Nesta questão, pelo menos, houve concordância tanto por parte do pessoal técnico quanto daquele de *marketing*: "queremos ter insight e ação – não mais um estudo".

Finalmente, não tendo logrado nenhum resultado de seus esforços, Sandeep sabia que não tinha uma outra escolha a não ser pedir para as duas personalidades mais fortes (e irredutíveis) de cada lado abdicarem dos grupos para que ele pudesse desmantelar a dinâmica de coalizão. Ele não tinha ilusão alguma a respeito de como essa estratégia seria vista pela equipe como um todo. "Será terrível", admitiu ele.

Pedimos a Sandeep que calculasse quanto esse impasse havia custado à empresa. Tendo como característica um alto senso analítico, ele interpretou essa questão quase que literalmente. Puxando sua agenda, ele rastreou quando ele havia assumido pela primeira vez o comando da equipe. A sua única real despesa foram alguns milhares de dólares gastos nos eventos fora da empresa e com consultores, nem de perto os US$ 5 milhões que seus predecessores haviam convertido em belos relatórios encadernados e pilhas de apresentações em PowerPoint.

Mas então ele examinou uma semana típica: assinalando todas as reuniões, encontros e apresentações relevantes e anotando como as pessoas estavam envolvidas em cada "escoadouro de tempo" – nome que ele dava à energia e ao tempo perdidos. Após alguns instantes de árduo cálculo elencando os funcionários-horas em disfunção, ele disse: "horas nem é a métrica correta – estamos falando de *meses* de tempo desperdiçado!". Ao incluir também as oportunidades desperdiçadas, Sandeep estimou que bem mais do que US$ 5 milhões em tempo e produtividade tinham evaporado.

Desenvolvendo Pulso em seus Problemas mais Difíceis

Em nosso trabalho como consultor e professor de escolas de administração, nos deparamos com um número incontável de gestores como Sandeep que, apesar de sofisticado treinamento e imbuídos das melhores intenções, não conseguiam atingir suas metas. Eles se veem diante de problemas que "não arredam pé" independentemente do esforço por eles realizados. Por mais corajosos e persistentes que os gestores sejam, em algum momento, todos eles se deparam com problemas de pessoal que consome seu tempo, dinheiro e energia sem produzir resultados. De fato, tais problemas podem até mesmo piorar quanto mais eles tentarem resolvê-los. Inicialmente, talvez, os gestores não possam ver os sinais do poço sem fundo de dinheiro desperdiçado, porém, ao final, não conseguem escapar da dura realidade do investimento sem retorno. E, quem sabe, assim como Sandeep, você tenha dito: "pra mim chega!".

Para investigarmos o custo daquilo que nós chamamos de "ação sem pulso", fizemos uma pesquisa com 83 executivos (70% do sexo masculino; 87% deles com mais de dez anos de experiência, dos quais 45% com dez anos ou mais em altos cargos gerenciais) de uma gama de setores, países e funções diversas.[2] Pedimos a eles que identificassem o problema mais crítico com pessoal e estimassem os gastos da empresa para tratar exclusivamente desse problema. Em média, estimaram que o problema havia custado a eles US$ 15.470.289,99 e 5.514 horas e que 357 pessoas em suas organizações poderiam estar fazendo alguma outra coisa em vez de lidar com o problema. Deixamos esta pesquisa com perguntas abertas de modo que os executivos pudessem gerar seus próprios números. Essas foram as percepções deles, não cálculos científicos, mas elas apontaram para a magnitude de recursos desperdiçados em problemas.

Em seguida, pedimos que os executivos identificassem de uma lista de abordagens para solução de problemas tudo que suas organizações estavam fazendo para tentar resolver o problema: 68% deles relatou estarem discutindo o problema em reuniões, 43% realizando análises, 36% havia contratado um consultor, 23% demitido funcionários, 30% contratado mais pessoal e 11% havia tomado outras medidas. Apenas 20% não havia feito "basicamente nada" para enfrentar o problema.[3] Os executivos estimaram que havia uma chance de 46% de que essas abordagens solucionariam o problema. Apesar de todo o gasto, apenas 16% acreditava que seria possível comprar uma solução, 60% que seria impossível adquirir uma e 24% deles não estavam certos se tal solução poderia ser comprada.

Em outras palavras, os gestores estavam tentando resolver problemas com pessoal intratáveis de toda a maneira possível. Eles estavam usando todas as suas habilidades para encontrar soluções – gastando tempo, energia e dinheiro no processo –, embora tais problemas ainda persistissem.

Caso você já tenha sentido esta sensação de ação sem pulso em seu próprio trabalho, então este livro é destinado a você. Nós o escrevemos de forma que os gestores parassem de gastar e começassem a administrar. A maior parte dos líderes e gerentes com os quais trabalhamos tinham grande motivação e eram bem formados, embora, ao se confrontarem com certos problemas com pessoal, não pudessem depender de algoritmos e estratégias de gestão pré-estabelecidos para fornecerem soluções claras. E, então, eles podem se tornar vulneráveis àquilo que nós chamamos de *armadilhas de despesas* – onde os gastos, sejam eles através de dinheiro, tempo, energia ou outros recursos, acabam substituindo o verdadeiro trabalho de liderar, administrar e executar. As estratégias apresentadas neste livro o ajudarão a escapar de tais armadilhas e a transformar os seus atormentadores problemas de pessoal, com soluções que você mesmo poderá aplicar através das habilidades que já possui como gestor.

Comecemos examinando como problemas espinhosos – a exemplo dos enfrentados por Sandeep – surgem, crescem e explodem, fazendo com que as pessoas caiam em armadilhas de despesas. Ao tentar entender como os gestores lidam com tais impasses, identificamos três ideias-chave: primeiramente, problemas *com pessoal*, não problemas *técnicos*, infligem o maior ônus sobre a produtividade. Em segundo lugar, geralmente, os gestores esbanjam milhares de dólares todos os dias em oportunidades perdidas, reuniões que não conduzem a nada e equipes em eterna peleja sem se dar conta ou sem controlar tais perdas. E, por fim, a maioria dos gestores diante de um impasse não fica paralisada e sem ação. Eles estão de fato engajados em ações constantes, porém elas ações são ineficazes e não conseguem produzir resultados compensadores.

Algo Atroz Está por Vir

Quando se pede às pessoas para definir um "problema difícil", tipicamente, a primeira resposta envolve desafios computacionais-matemáticos ou de xadrez ou então questões técnicas de engenharia. Contudo, em geral, esses são problemas típicos que os gestores normalmente conseguem solucionar com o emprego de inteligência, treinamento e modelos analíticos.

Em vez disso, no âmago da maioria dos problemas aparentemente insolúveis no trabalho, normalmente encontramos problemas envolvendo pessoas. Entre estes temos aquele colega com um ego enorme e uma personalidade viperina, aquela equipe que usa processos de tomada de decisão ineficientes, um funcionário que se encontra desmotivado para mudar, e todos os conflitos resultantes que emergem destas dinâmicas humanas. São esses apuros – e não os enigmas técnicos – que, em última instância, se transformam nos maiores sugadores de tempo e fossos de dinheiro que os administradores enfrentam, justamente por parecerem impossíveis de serem corrigidos através de metodologias e análises coerentes.

Os *problemas atrozes* são uma classe de problemas *verdadeiramente* desafiadores – como mudanças climáticas, terrorismo e as crises nos sistemas previdenciário e de saúde. A palavra "atroz" não se refere às suas naturezas boa ou má, mas, sim, às suas estruturas tortuosamente impenetráveis.[4] Pelo fato de os problemas com pessoal apresentarem características atrozes, as abordagens convencionais não permitem aos gestores apreciarem sua complexidade e podem, na realidade, levar a estratégias desperdiçadoras e ineficazes na tentativa de solucioná-los.

Obviamente, nenhum gestor jamais recebe um memorando ou um e-mail que anuncie claramente que está se formando um problema atroz em sua organização. Porém, existem pelo menos quatro características fundamentais através das quais podemos reconhecer os problemas atrozes capazes de nos apanhar em uma armadilha.[5] E o problema com pessoal enfrentado por Sandeep atende a todos esses critérios.

Uma das características dos problemas atrozes é a falta de uma fórmula nítida e clara para a sua resolução. Em problemas mais técnicos ou de logística, podemos lançar mão de algoritmos estabelecidos para conseguir resolvê-los. Mas os problemas concernentes a pessoal, como aquele de Sandeep, sempre envolvem indivíduos únicos com problemas e questões complexas que não podem simplesmente serem modelados e resolvidos através da solução linear de problemas. Os problemas atrozes não possuem "manual do proprietário".

Uma segunda característica-chave é a falta de respostas demonstráveis. Problemas comuns como "quanto é 240 dividido por 6?" ou "qual é a relação preço/ganhos de nossa meta de aquisição?" têm respostas claras e verificáveis. Entretanto, os problemas com pessoal que fazem com que os gestores fiquem acordados à noite não têm uma chave imediata do problema. Pelo contrário, há várias estratégias possíveis às quais eles precisam chegar, e não existe a melhor resposta – de fato, muitas vezes, não há qualquer tipo de solução conclusiva. E, em muitos casos, problemas realmente atrozes não podem ser solucionados; na melhor das hipóteses, eles podem ser "domesticados".

Uma outra característica desses problemas é que normalmente é impossível testar as soluções propostas. Quando se lida com pessoas, testar diferentes soluções é arriscado, pois tais testes poderiam ter consequências irreversíveis. No caso de Sandeep, se uma nova estratégia fizer com que certos membros da equipe fiquem indignados e frustrados, a situação poderia descambar irremediavelmente.

Finalmente, os problemas atrozes contêm interdependências complexas para problemas múltiplos. A equipe de Sandeep estava incorporada em uma complexa rede multidisciplinar global, de modo que quaisquer ações poderiam provocar uma reação em cadeia. Os dois cabeças eram, obviamente, ligados a outras pessoas; assim, se Sandeep se indispusesse com eles, ele próprio perderia o restante da equipe, multiplicando os problemas. Os problemas com pessoal deixam pouca margem para erros; portanto, um ato impulsivo pode lhe custar muito caro.

Como você verá, os gerentes e líderes que são mais efetivos no gerenciamento de problemas atrozes são aqueles que, em vez de se fixarem nas soluções convencionais que inicialmente lhes vêm à mente, moldam ativamente tais problemas para depois identificarem uma gama diversa de opções para combater o problema.

O Desperdício Oculto dos Problemas com Pessoal

Quando os gestores pensam nos problemas envolvendo pessoas, muitas vezes pensam nas pequenas ineficiências – discussões entre colegas, equipes improdutivas, reuniões desorganizadas e funcionários desmotivados. Ao contrário, quando pensam sobre problemas financeiros, sistema operacional e de *marketing*, eles mencionam questões de alto nível que poderiam chegar até a mesa do CEO.

Em nosso trabalho com organizações, observamos que, embora os gestores possam ser pessoalmente frugais e cuidadosos nos aspectos financeiros de suas empresas, eles toleram um desperdício significativo no que diz respeito a problemas com pessoal. Gestores como Sandeep geralmente ficam estarrecidos ao descobrirem o valor consumido pelas questões de "pequena escala". Tipicamente, os problemas com pessoal se tornam o maior poço sem fundo de dinheiro em ação e crescem sem a empresa ter consciência disso, pois os verdadeiros custos normalmente não são mensurados. Pelo fato de tais problemas não serem prontamente quantificados da maneira como as despesas de capital são, ficamos interessados em calcular a destruição de valor diária que eles acionam. Além de quantificar o desperdício, tínhamos a esperança de desenvolver métodos para fugir desses poços sem fundo de dinheiro que capitalizassem ideias, não faturas.

O que Há em sua Lata de Lixo?

Um conhecido comercial de TV tem o seguinte slogan "o que você tem em seu bolso?". Passamos a nos interessar em descobrir o que havia nas latas de *lixo* dos gestores – seja dinheiro, tempo, conhecimento ou outros recursos. Para quantificarmos o desperdício advindo de problemas com pessoal, elaboramos uma sondagem chamada *"Índice de Desperdício Diário"*.

Solicitamos a 83 executivos, que falaram conosco sobre seus impasses mais críticos, que avaliassem a quantia que suas empresas perdiam a cada dia referente a uma série de problemas «de pequena escala» relativos a pessoal, como, por exemplo, conflitos interpessoais e reuniões semanais improdutivas com o *staff*. Apresentamos uma série de itens e pedimos que calculassem os custos diários de cada um deles, numa escala de US$ 0 a US$ 20.000. A Tabela 1-1 mostra os resultados de nossos achados. (Você pode calcular o seu próprio *"Índice de Desperdício Diário"* preenchendo a tabela no final deste capítulo.)

Nossa expectativa era que o estudo revelasse um desperdício significativo. Entretanto, não estávamos prontos para a magnitude dos resultados. Esperávamos um pequeno tremor, porém o que testemunhamos foi um verdadeiro terremoto!

Conclusão: no curso de um dia, os executivos estimaram uma média diária de US$ 7.227,07 por item, chegando a um total de US$ 144.541,40 por dia, ao multiplicar os vinte itens de desperdício. Isso representa assombrosos US$ 52.757.574,00 de potencial e valor desperdiçados anuais por organização em problemas "de pequena escala" relativos ao pessoal. Mais uma vez, essas são percepções, não medições científicas, porém elas revelam o valor significativo que poderia ser agregado pela resolução desses problemas.

TABELA 1-1

Resultados do levantamento do "Índice de Desperdício Diário"

Quantia média que os executivos estimaram desperdiçar diariamente em cada um dos itens numa escala de US$ 0 a US$ 20.000.

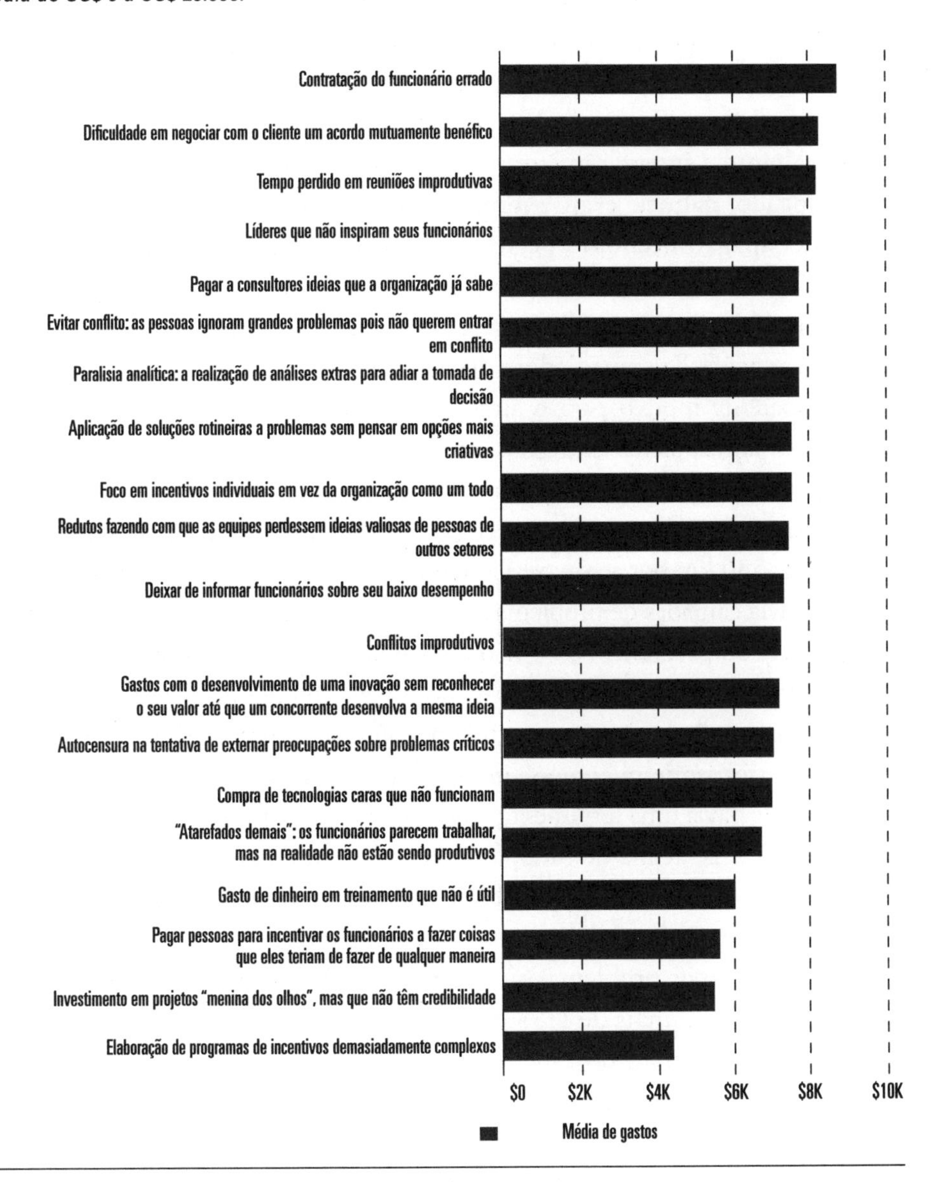

Os Dois Tipos de Desperdício

As perdas calculadas por meio desse levantamento podem ser classificadas em duas categorias.[6] O desperdício *Tipo I* é prontamente discernível e facilmente quantificável em perdas financeiras. Consideremos o seguinte exemplo:

Em 2005, o ex-presidente francês, Jacques Chirac, revelou os planos da Airbus para uma aeronave de dois andares, o A380, em uma pomposa festa que celebrava tanto a integração europeia quanto os avanços tecnológicos alcançados. Contudo, naquele exato momento, os engenheiros já se encontravam em estado de "apagar incêndio", pegos em uma crise que iria contradizer ambas as afirmações; havia custado à empresa US$ 6 bilhões em material, mão de obra e multas multimilionárias pela entrega atrasada e, em última instância, fazendo com que as ações da controladora despencassem em 26%.[7]

O aparente motivo para o atraso era um problema de compatibilidade de *software*. A fábrica alemã entregara centenas de quilômetros de cabo que não se encaixavam nas linhas de montagem em Toulouse, na França. (Para se ter uma ideia da complexidade: cada aeronave precisava de 100.000 cabos diferentes, perfazendo um total de 530 km por aeronave.) Porém, por trás desse problema aparentemente técnico, havia camadas de problemas atrozes relacionados com pessoal. O chefe da área francesa do programa A380 não conseguiu persuadir os projetistas alemães a atualizarem seu *software* para integrá-lo por toda a companhia. Nas palavras de um alto executivo da Airbus: "em parte, foi uma questão de orgulho nacional. Os engenheiros alemães sentiram como se impuséssemos a eles uma solução francesa. Mas o fato era que havia uma ferramenta sendo usada em Hamburgo que se encontrava desatualizada".[8] E, acima de tudo, as rivalidades entre os líderes alemão e francês personificavam os esforços de décadas tentando integrar fabricantes britânicos, espanhóis, alemães e franceses em uma única companhia.

Mesmo que os problemas subjacentes com pessoal tenham custado diretamente à empresa mais de US$ 6 bilhões de dólares em desperdício do Tipo I, eles também criaram o desperdício do *Tipo II* – os custos indiretos –, que podem até ser mais perigosos já que as perdas normalmente se acumulam de forma velada. O desperdício do Tipo II não vem com um memorando, uma ordem de compra e uma fatura. Ele envolve o gasto tentacular que Sandeep poderia quantificar apenas consultando sua agenda e estimando a duração das reuniões, a presença em eventos e compromissos, a destruição de valor de todos os dias com horas perdidas em interrupção, *stress* proveniente de conflitos improdutivos, ideias esbanjadoras e inúmeras outras técnicas que normalmente não entram na demonstração de lucros ou perdas. Para a Airbus, o desperdício do Tipo II incluía as horas que os funcionários despendiam e o *stress* por eles experimentado à medida que se dedicavam "apagando incêndios". O desperdício do Tipo II também incluía oportunidades perdidas como a negociação de vários bilhões de dólares com a Singapore Airlines que a Airbus perdeu para um concorrente. E uma forma ainda mais invisível do desperdício do Tipo II envolvia os projetos que não poderiam ser iniciados devido aos recursos desviados para corrigir a bagunça. Esse tipo de desperdício invisível normalmente passa sem ser detectado por anos nas organizações.

Embora histórias de corrupção e ganância corporativa dominem as manchetes, esta hemorragia diária de dinheiro devido a problemas relacionados com o pessoal não figura nem nas notícias de última página dos jornais, embora normalmente ela custe muito mais para as empresas. Por exemplo, em um estudo, trabalhadores nos EUA relataram gastar 2,8 horas por semana lidando com conflitos, chegando a aproximadamente US$ 359 bilhões em horas pagas ou o equivalente de 385 milhões de dias de trabalho no país como um todo. Além disso, 25% dos trabalhadores disse que evitar conflitos levava a doenças ou ausência no trabalho, e aproximadamente 10% disse que o conflito no ambiente de trabalho levava ao insucesso de projetos. Mais de 1/3 daqueles que responderam à pesquisa disse que o conflito por si só resultava em alguém deixar a empresa, seja por demissão ou saída voluntária, levando a perdas de propriedade intelectual e tempo e dinheiro gastos para repor o funcionário.[9] Esses custos revelam apenas algumas das formas como os problemas com pessoal produzem desperdício do Tipo II.[10]

Nosso objetivo *não* é que os gestores devam resistir a fazer importantes investimentos em suas empresas e pessoal. Na qualidade de educadores e consultores, acreditamos que gastar em nome da resolução de problemas pode, muitas vezes, agregar valor real ao resultado final. De fato, os gestores podem perder dinheiro por *não* investirem em áreas que oferecem retornos significativos. Este livro, contudo, foca especificamente no gasto que representa a destruição diária de valor no trabalho. Essas são as áreas em que as pessoas estão desperdiçando muito (tanto em termos de tempo quanto de dinheiro) e obtendo pouco retorno por elas. Ao reconhecer aonde acontecem tais casos, pode-se começar finalmente a corrigir os problemas.[11]

Ação sem Pulso

Quando as pessoas pensam em situações frustrantes como a de Sandeep, normalmente elas igualam impasse com *inação*. Contudo, recorde-se que apenas 20% dos gestores em nossa amostra relataram que suas organizações não estavam fazendo "basicamente nada" em relação ao impasse crítico com o qual se deparavam. Os outros 80% encontravam-se aprisionados em um frenesi de ação – mas, infelizmente, tratava-se de ação sem pulso. Eles estavam marcando passo, consumindo energia considerável para ir a lugar nenhum.

Muitas pessoas altamente eficientes, dentre as quais os tipos de executivos em que há uma tendência para serem encarregados de tratar dos problemas mais difíceis da organização, ficam vulneráveis à ação sem pulso justamente por apresentarem uma tendência a abordarem os problemas de forma *ativa* em vez de *passiva*. Isto é, eles abraçaram a ideia de que uma boa gestão envolve ação e, portanto, provavelmente, não vão querer esperar passivamente para que a situação se resolva por si só. Assim como Sandeep, eles são inteligentes, abertos, dinâmicos e ágeis para tentar coisas novas. Paradoxalmente, tais atitudes os tornam vulneráveis a gastarem seus tempo, dinheiro e energia em ações que talvez não produzam resultados.

O problema, como veremos, é o da ação *mal direcionada*. Para usar uma metáfora da engenharia, os gestores precisam captar e transmitir *sinais* significativos, eliminando e reduzindo a transmissão de *ruído*. Quando aplicada à resolução de problemas, os sinais representam os impulsos que são válidos e significativos, e o ruído envolve impulsos irrelevantes.

Quando as pessoas focam no ruído ou deixam de transmitir sinais verdadeiros com alta-fidelidade, elas se encontram em uma situação de "ação sem pulso". Suas ações não se transformam nas consequências desejadas, pois elas estão transmitindo ruído (e produzindo desperdício) em vez de operarem a partir de sinais (e adicionando valor).

Como os gestores perdem o sinal? Quando as pessoas nas organizações se veem diante de problemas complexos, seus processos racionais começam a se desintegrar e elas começam a atingir o que os pesquisadores organizacionais descrevem como a "lata de lixo". O significado disso é que, por exemplo, apesar de as reuniões formais terem uma aparência de racionalidade, o que realmente está acontecendo é que os atores, os problemas e as possíveis soluções estão redemoinhando de maneira caótica e ruidosa – e as decisões emergem como os diferentes fragmentos de lixo que de alguma maneira se juntam aleatoriamente.[12] Quando os gestores chegam a uma solução, ficam frustrados já que se veem capturando ruído em vez de sinais significativos. Eis o porquê.

ELES TÊM O MODELO MENTAL ERRADO. Em situações complexas em que as pessoas tentam encontrar soluções a esmo, o principal problema é que lhes falta um entendimento acurado da situação – tornando impossível separar o sinal do ruído. Muitos gerentes e líderes têm uma história que eles contam para si mesmos e para outros que explica a situação em termos de causa-e-efeito – o modelo mental deles da situação. Eles se fixam em sinais particulares e pressupõem que estes se traduzem em consequências específicas por meio de um determinado processo. Porém, em geral, esses modelos mentais podem não ser inteiramente precisos.

Consideremos um comportamento diário que revele como um modelo mental errôneo leva a "ações sem pulso". Se você perguntar às pessoas como elas tornam suas casas mais quentes durante o inverno, elas lhe dirão que ligam o aquecedor. Bastante razoável. Contudo, a maior parte das pessoas regula seu aquecedor para uma temperatura realmente alta – muito além de sua zona de conforto ideal –, isso porque implicitamente elas estão operando a partir de um modelo mental que vê no aquecedor um acelerador de um carro:[13] quanto maior for o ajuste da temperatura, mais rapidamente aquecerão suas casas. Caso queira aquecer a sua casa a 21ºC, ajustar o termostato para 21ºC irá aquecer a casa no mesmo tempo que se este fosse ajustado para 28ºC. Pequenas mudanças na maneira como é ajustado o aquecedor ou simplesmente usar um programável para ajustá-lo para até mesmo 7 graus abaixo pode significar uma economia de 21% na conta do final do mês, conforme revelam estudos.[14] Com um modelo mental errôneo do problema, as pessoas perdem contato com o sinal, e suas ações se tornam um prejuízo e ineficazes.

ELES MUDAM DE CURSO MUITO RAPIDAMENTE. Quando os gestores descobrem que a solução escolhida talvez não esteja funcionando, rapidamente mudam para uma outra. Mas isso meramente os leva a um tipo de "ação sem pulso" diferente: eles resgatam freneticamente outras soluções da lata de lixo sem explorá-las suficientemente. Arriscam cair naquilo que é conhecido como *Armadilha das Falhas* – o círculo vicioso de tentar uma solução, recebendo *feedback* negativo sobre ela e rapidamente partindo para a próxima "correção" com um fim similar.[15] Gestores que se dão ao trabalho de aprender a partir de uma solução que não deu certo são capazes de distinguir ruído de sinal – e discernir os sinais corretos que avançam.

ELAS ENCONTRAM PROBLEMAS SUBSTITUTOS. Quando se torna difícil encontrar sinais confiáveis em relação a problemas atrozes, algumas vezes as pessoas deixam de buscar soluções e, em vez disso, inconscientemente, encontram problemas diferentes. O *princípio da substituição* é o processo psicológico através do qual as pessoas substituem um problema difícil por um mais fácil.[16] Pessoas que se veem diante de problemas difíceis certas vezes se fixam em problemas substitutos que poderiam ser mais fáceis de se atuar, perdendo contato com os problemas reais.

Por exemplo, a cada noventa dias, sua organização poderia exigir que todos mudassem suas senhas para proteger os sistemas de brechas e tentativas de *hacking*. Portanto, todo mundo teve que usar os miolos para criar novas senhas. Nessa ação, porém, por mais bem-intencionada que possa parecer, realmente resolve o verdadeiro problema de tornar as contas mais seguras?[17]

De acordo com o especialista em segurança, Bruce Schneier, a diretriz de mudança de senhas se baseava em uma tradicional suposição de que o *hacker* seja um interceptador furtivo. Mudar a senha frequentemente é uma estratégia efetiva para se defender contra alguém que tenha descoberto a sua senha e fica na espreita. Esse tipo de *hacker* definido de forma restrita talvez seja relevante se você for uma celebridade com grande probabilidade de ser acossado por *paparazzi* ou um órgão de segurança nacional vulnerável à espionagem. Mas simplesmente mudar a senha é inútil contra uma série de outros problemas de segurança, por exemplo, alguém que tenha descoberto a sua senha e a usa imediatamente para roubar dinheiro de sua conta bancária.[18]

Pior ainda, Schneier constatou que o problema e sua solução acionam, de forma não intencional, um novo problema. Quando as pessoas são forçadas a mudar suas senhas frequentemente, é mais provável escolherem combinações que sejam mais fáceis de lembrar (e para terceiros também) do que se lhes fosse permitido manter a senha anterior. Portanto, embora pareça que quanto mais ações substitutas melhor, elas criam a falsa *ilusão de progresso* deixando de resolver o verdadeiro problema – e, talvez, tornando-o ainda pior. Fixar-se no ruído não apenas leva a ações sem propósito como também cria uma ação contraproducente.

ELES ASSOCIAM NOVOS PROBLEMAS A VELHAS SOLUÇÕES. Quando os gestores entram na lata de lixo, normalmente também recuperam problemas passados e suas soluções. Eles sabem o que funcionou anteriormente e, portanto, têm tendência a usar essas mesmas soluções novamente. Mas isso equivale a usar um martelo para consertar todo tipo de problema encontrado em uma casa. A solução algumas vezes produz resultados, mas, em outras vezes, as pessoas saem dando pancadas por aí com um martelo ineficaz que deixa de precisar os verdadeiros problemas, além de deixá-las exaustas devido ao esforço desperdiçado.

Para pessoas voltadas para a ação, o desafio não está em ser mais motivado para resolver um problema atroz; ele reside em captar e transmitir sinais de alta-fidelidade – reconquistando a conexão entre suas ações e as respectivas consequências. Problemas atrozes tendem ao desperdício quando as pessoas investem tempo e dinheiro em medidas que se baseiam em um entendimento incompleto ou incorreto de suas causas ou então quando elas usam ferramentas que funcionaram no passado e que por acaso chegam ao topo da lata de lixo. Para restabelecer a ligação entre ação com propósito e as consequências desejadas, os gestores têm de reexaminar seus modelos mentais de problemas de negócios comuns, mas atormentadores, explorar diferentes soluções e saber mensurar se elas de fato funcionam.

As Cinco Armadilhas com Gastos

Em nosso trabalho como pesquisadores, consultores e professores, estudamos como líderes empresariais, tal como Sandeep, optam por gastar seu dinheiro e alocar os seus recursos para solucionar seus, aparentemente, insolúveis problemas com pessoal e quanto tempo e dinheiro não são contabilizados, mesmo sob a cerrada fiscalização da contabilidade da empresa. E descobrimos padrões de desperdício sistemáticos que podem ser uma armadilha para os gestores à medida que eles enfrentam tais problemas.

Para entender as motivações específicas que subjazem nos gastos que causam desperdício, pedimos para que cerca de mil executivos e estudantes de administração identificassem casos de desperdício em suas organizações. Lemos seus relatos e descobrimos que, quase sem nenhuma exceção, os problemas poderiam ser atribuídos a uma de cinco *Armadilhas de Despesas* distintas que refletem processos nos quais as pessoas se fixam nos sinais incorretos ou então deixam de transmitir sinais significativos, transformando suas ações bem-intencionadas em ações mal direcionadas.

Também fomos surpreendidos por um elemento comum. Tais armadilhas de despesas não advinham da fraqueza das pessoas, falta de experiência ou falhas de caráter, mas, em geral, eram resultado direto dos muitos talentos e habilidades que haviam permitido a elas superarem-se em muitas das outras situações. Quando usados em demasia e mal aplicados, esses comportamentos – que tipicamente eram sinais que levavam as pessoas ao valor daqueles – as faziam cair em alguma armadilha. Veremos como qualidades gerenciais se tornam selvagens – conhecimento especializado, espírito competitivo, compaixão e habilidades comunicativas e saber delegar – podem fazê-lo cair em *Armadilhas de Despesas.* Iremos considerar então como administrar e canalizar seus pontos fortes para chegar a verdadeiras soluções.

A Armadilha do Expertise

Psicólogos que fizeram estudos com jogadores de xadrez constataram que são necessárias cerca de 10.000 horas para se tornar um *expert*.[19] Isto é válido para se dominar praticamente todas as técnicas – música, esportes ou liderança, apenas para citar algumas. Como especialistas em seu campo particular, os gestores normalmente sabem automaticamente o que fazer e sem pestanejar, sendo que em geral funciona. Isso pode poupar tempo e energia, mas também significa que os gestores estão sujeitos a colocar tarefas no piloto automático. Se sobrevoarem os territórios desconhecidos de problemas totalmente novos, eles podem catapultá-los diretamente para a *Armadilha do Expertise* – o bloqueio que as pessoas enfrentam quando seus *defaults* bem aprendidos em tratar situações anteriores as impede de captar sinais em situações novas.

Para ver como comportamentos de *experts* podem levar a armadilhas, consideremos aquela grande época passada dos americanos: fazer dieta. A maioria das pessoas gostaria de pensar que consegue controlar o quanto ingere. Entretanto, as pessoas sofrem para controlar suas ingestas justamente por serem especialistas em comer. As pessoas não precisam parar e pensar sobre como comer, elas comem várias vezes por dia e são capazes de fazer isso sem pensar. É aí que está o problema.

Em 2005, psicólogos pesquisadores da Cornell University criaram uma mesa especial para refeições em seu laboratório. Quando os comensais entravam no "restaurante", lhes era servido sopa em um prato fumegante. Contudo, sem o conhecimento dos comensais, o prato era conectado a tubos ocultos que lentamente voltavam a encher o prato à medida que comiam. Era um verdadeiro "prato sem fundo". Os pesquisadores estavam interessados em saber quanto os comensais iriam comer caso o prato jamais se esvaziasse. Resultado? A maior parte dos comensais se fartava, tomando, comparativamente, 73% mais de sopa quando esta lhes fosse servida em pratos que se enchiam de forma automática.[20] Os comensais estavam sem pensar se fiando dos convenientes porém falsos sinais externos (como um prato vazio) e perdendo conta do verdadeiro sinal: se eles ainda estavam ou não de fato com fome. Quando as pessoas têm prática em uma atividade, acabam se desligando. Em tais situações, a Armadilha do

Expertise faz com que as pessoas percam contato com suas bússola interior e consciência, um estado de atenção que as orienta para os verdadeiros sinais.

A especialização mune as pessoas de estratégias experimentadas e verdadeiras que podem ser aplicadas em situações relevantes, mas isso também pode diminuir a atenção. À medida que as pessoas começam a trilhar um determinado caminho para a resolução de problemas, o foco delas se afunila para certos sinais, não ficando mais atentas ao ruído. Isso é adaptativo e funcional no caso de terem focado no verdadeiro sinal. Porém aquilo que algumas vezes parece ruído é, na verdade, um sinal para o qual as pessoas devem dar atenção. E, outras vezes, aquilo que automaticamente se parece com sinal é, na realidade, apenas ruído. Quando as pessoas se fixam em sinais errôneos, dirigem suas ações para problemas falsos. Isso leva a "ação sem pulso", já que elas acabam tendo as mesmas conversas tediosas, repetindo sequências comportamentais e explorando soluções convencionais.

No Capítulo 2, iremos explorar a Armadilha do *Expertise* em profundidade – como as pessoas rapidamente formam padrões ao se depararem com situações inusitadas e incertas, como as pessoas estruturam os padrões e normalmente perdem a visão do todo, e os perigos de se precipitarem em encontrar uma solução muito rápida do problema. Exploraremos como empregar e verificar o seu *expertise* de forma consciente – e parar de gastar em padrões, estruturas e soluções batidas que podem ter sido bem-sucedidas no passado, porém não mais são eficazes. Ao dedicar-se à *busca* do problema antes da *resolução* dele, você pode controlar e moldar problemas e ver soluções inovadoras capazes de quebrar o impasse.[21]

A Armadilha do Vencedor

A Armadilha do Vencedor resulta do fato de que a maioria dos gestores bem-sucedidos e os talentos com quem trabalham são, digamos, bem-sucedidos. Todos eles chegaram aonde chegaram em seus cargos e carreiras por prevalecerem em situações de competição, seja por darem-se bem em uma entrevista, serem promovidos ou serem bem-sucedidos no mercado; são eles, em essência, vencedores. Mas a maioria dos vencedores raramente gosta de sair de sua zona de conforto. E, para eles, a zona de máximo desconforto é perder. Quando falamos com profissionais que se autodenominam vencedores, a coisa mais comum que ouvimos deles *não* é quanto eles adoram vencer, mas, sim, que eles acham perder excruciante.

O que observamos, entretanto, é que ganhar na solução de problemas envolve se sentir confortável com um conjunto de habilidades que as pessoas tendem a associar à derrota – questionar suas identidades como vencedor, reconhecer que é praticamente impossível estar certo sempre e aprender a aceitar derrotas e mudar de rumo. Em muitas organizações, as pessoas se veem presas em uma linha de ação infrutífera, pois mantê-la é premiado, ao passo que falhar, aprender e aceitar derrotas não.

Outra realidade inquietante é que o rival da sala ao lado pode ser uma fonte de ideias de grande valor. Os indivíduos, especialmente os vencedores, geralmente fazem vista grossa a ideias, soluções e práticas melhores que não sejam de sua autoria e, particularmente, se elas vierem de concorrentes dentro da própria organização. Quem quer ser rotulado de seguidor em vez de líder? Porém gestores que refutam essas ideias perdem sinais de grande valor que poderiam dar a eles pulso em seus problemas mais difíceis.

A Armadilha do Vencedor também afeta as pessoas, pois elas querem causar uma boa impressão nas demais. Por exemplo, quando inovadores e líderes de projetos investem recursos tentando salvar um projeto fracassado em vez de aceitarem custos irrecuperáveis, isso não se trata apenas de ser egoísta e competitivo. Admitir que muito tempo e dinheiro foram desperdiçados em um projeto malsucedido é algo difícil de engolir e é natural tentar e manter as aparências diante de colegas e superiores. E, os vencedores, que estão preocupados em evitar perdas, ficam particularmente vulneráveis.

Embora um espírito competitivo estimule as pessoas a serem criativas, únicas e bem-sucedidas, ele pode levar à ação contraprodutiva à medida que as pessoas passam a agir sem entenderem umas às outras, criando resultados em que todos os envolvidos saem perdendo.[22] O Capítulo 3 descreve várias razões subjacentes para que as organizações contraponham o interesse próprio ao interesse coletivo e, assim sendo, acabarem acionando a Armadilha do Vencedor. Ao redirecionar essas tendências inatas para vencer e impressionar os demais, os gestores podem canalizar o espírito competitivo de seu pessoal para a criação de valor em vez de desperdiçar produção.

A Armadilha da Concordância

A Armadilha da Concordância é o oposto da Armadilha do Vencedor. Ela surge quando as pessoas evitam transmitir sinais negativos às outras para não ameaçar relações existentes. Em vez de falarem francamente e enfrentarem os problemas de frente, elas que caem na Armadilha da Concordância se preocupam em demasia em formar um colegiado e acabam evitando conflitos necessários. Num esforço para poupar sentimentos alheios, os gestores acabam se vendo presos a ações mal direcionadas em que ficam dando voltas em torno dos problemas em vez de irem ao seu âmago.

Por que um número tão grande de pessoas evita conflitos? As pessoas partem do pressuposto que os outros são muito mais frágeis do que realmente são. A maioria dos gestores e líderes que estudamos se descreve como insensível às críticas, mas via os outros como melindrosos.[23] Ao subestimarem a capacidade de seus colegas de aceitar críticas negativas, as pessoas se rendem a negociações mesmo quando isso não faz o menor sentido. Elas fazem concessões prematuras quando deveriam manter suas posições. Elas dão *feedback*, porém distorcem o sinal em comunicações confusas ou vagas. Muitas vezes os problemas são exacerbados em conversas "politicamente corretas" e pisam em ovos diante de tópicos delicados como raça e gênero. O resultado é que as pessoas podem ter acesso a sinais de alta fidelidade, mas deixam de transmiti-los claramente àqueles que precisam recebê-los.

Quando as pessoas evitam o conflito, deixam de aproveitar oportunidades para ideias e grandes avanços que normalmente surgem da discordância. Em alguns casos, criar um ambiente de trabalho tolerante à dissonância não só melhora a forma como as pessoas trabalham, poupando dinheiro, como também pode ser a diferença entre a vida e a morte. Por exemplo, em hospitais onde enfermeiras não se sentem à vontade em dar informações cruciais, mas também potencialmente ameaçadoras a seus superiores, há uma ocorrência maior de erros fatais.[24]

No Capítulo 4, discutimos a Armadilha da Concordância em detalhe e apresentamos estratégias em que há um equilíbrio entre compaixão gerencial e a coragem de negociar em vez de se render a demandas de funcionários, conflitos ameaçadores ou evitar questões para agir de forma politicamente correta.

Também discutimos como estimular o conflito baseado em problemas – em vez de conflito interpessoal – e oferecer à sua equipe o exercício mental e social para construir ideias mais sólidas e inteligentes.[25]

A Armadilha da Comunicação

Se a Armadilha da Concordância diz respeito a como o silêncio e a comunicação deficiente impedem que as pessoas cheguem ao âmago da questão, a Armadilha da Comunicação se trata de comunicação ruidosa excessiva que não torna as pessoas mais próximas dos sinais de alta-fidelidade nem consegue real pulso para solucionar os seus problemas. Certamente a falta de comunicação é fonte de muitos problemas e muitas vezes os líderes abrem as linhas de comunicação entre as pessoas. Contudo, um volume de comunicação *maior* não significa necessariamente *melhor* comunicação. Cada vez mais, os gestores estão perdendo a capacidade de comunicar com discrição e prioridade, gerando conversas e ruído em torno de seus problemas em vez de ações com propósito para resolvê-los.[26]

Em nosso mundo altamente conectado, talvez você imagine que problemas de comunicação já deveriam ser resolvidos. Porém, paradoxalmente, as mesmas tecnologias que são pensadas para ajudar as pessoas a se comunicarem pode fazê-las cair na Armadilha da Comunicação. A quantidade enorme de dados e informações que os gestores recebem – e até mesmo solicitam – pode levar a discussões ineficientes e decisões mal tomadas. A revolução da informação pode ter aumentado o volume e a velocidade da comunicação, porém ela não melhorou a qualidade da comunicação nem a capacidade de as pessoas se entenderem.[27]

E o abrupto aumento no volume de comunicação é espantoso. De acordo com um estudo, um funcionário típico gasta 40% do seu tempo de trabalho semanal lendo e respondendo e-mails internos. Isso é o mesmo que gastar todas as segundas e terças em reuniões e apenas começar a trabalhar em problemas reais às quartas-feiras.[28] Curiosamente, há uma maior probabilidade de as pessoas enviarem e-mails para outras que se encontram geograficamente próximas delas.[29] Portanto, mesmo quando as tecnologias teoricamente tornam possível comunicar-se instantaneamente ao redor do globo, elas ainda estão se comunicando com outras pessoas próximas que são semelhantes e familiares – e que, portanto, as expõe a soluções similares e familiares em vez de *insights* mais novos.

Para criar uma rota de escape da Armadilha da Comunicação, perguntamos a centenas de executivos sobre situações nas quais eles foram capazes de captar ideias críticas na prática. Constatamos que suas interações de sinais de alta-fidelidade não ocorrem através de e-mails, em eventos corporativos de *networking*, sessões de *brainstorming* nem festas da empresa. Em vez disso, elas surgem em interações espontâneas e não planejadas ¾ na hora do almoço, em encontros sociais inesperados, até mesmo numa pausa para ir ao banheiro. Cada uma dessas situações permitiu que pessoas diversas, que jamais teriam *optado* por interagir, se encontrassem, criando condições para a ocorrência de fusões inesperadas. Infelizmente, como iremos discutir, tais interações entre pessoas diversas estão se tornando cada vez mais raras.

No Capítulo 5, exploraremos como os executivos podem superar a Armadilha da Comunicação criando novos padrões de interação que permitam a eles se aventurar fora de seus redutos e manter contato com pessoas além de seus semelhantes e familiares. Mostramos como os executivos podem criar aleatoriedade por projeto e preparar o palco para as pessoas captarem sinais novos e de alto valor sem tecnologias novas e caras. Ao mesmo tempo, também descrevemos as melhores práticas que disciplinam a busca de informações de modo que sinais diversos não acabem se degradando em ruído caótico.

A Armadilha da Macrogestão

Todos nós já ouvimos falar de microgestores, que rondam seus funcionários e controlam cada um de seus movimentos. Eles dão atenção excessiva ao detalhe, com pouco ou nenhuma consideração, à autonomia de seus funcionários. A Macrogestão é o contrário menos conhecido da microgestão, mas extremamente custosa. Os gestores caem na Armadilha da Macrogestão quando deixam de dar atenção suficiente a detalhes, normalmente em nome de *empowerment* e delegação. Eles criam equipes, comitês e forças-tarefa para solucionar problemas, na expectativa de criar valor e sinergia espontaneamente, sem estabelecer as condições para que isto aconteça ou intervindo em situações desafiadoras.[30]

Quando um sinal encontra uma abertura ou espaço livre, ele se subdivide e se espalha em diferentes direções. Da mesma maneira, quando um macrogestor cria um vácuo por deixar de estruturar o grupo adequadamente, o resultado é uma equipe descoordenada e sem direção que hesita e comete erros e, finalmente, fracassa. Esta abordagem de não se envolver diretamente no sentido de agrupar interação e resolução de problemas leva a uma ação não focada, cria mais desagregação do que avanços.

Por exemplo, ao observarmos uma reunião de equipe do alto escalão definindo uma nova estratégia, vimos como uma ação mal estruturada pode se transformar em desperdício. Nesta reunião havia oito participantes, que estavam cientes de que estávamos lá na qualidade de observadores. Depois da reunião, perguntamos a eles qual era a porcentagem deles em relação ao total da conversa durante a reunião – tecendo comentários, fazendo perguntas, apresentando opiniões. A maioria deles estimava um porcentual de 12%, que seria correto se todos tivessem contribuído igualmente. Entretanto, monitoramos e cronometramos todos os comentários e calculamos que dois membros dominantes foram responsáveis por mais de 60% das conversações!

Em reuniões não estruturadas, certas pessoas controlam os canais de divulgação enquanto outras, negligentemente, partem do pressuposto que sua mera presença física constitui uma contribuição. Uma das áreas de maior risco para produção de desperdício ocorre quando aqueles mais falantes dentro de um grupo também são os que menos contribuem em termos de substância; ou seja, eles emitem ruído sem gerar sinais significativos. E, pior ainda, esse ruído abafa sinais significativos de participantes melhor informados.

Caso esteja a seu cargo conduzir uma reunião de grupo não estruturada, você estará essencialmente dirigindo uma orquestra em que seus membros tocam aquilo que lhes apraz, quando lhes apraz. O resultado disso tudo é ruído, não uma sinfonia harmoniosa. No Capítulo 6, descreveremos técnicas específicas para elaborar interações de grupo que maximizem a probabilidade de localizar sinais significativos dentro do grupo e, ao mesmo tempo, reduzir o ruído. Entre elas, temos várias estratégias prontas para serem implementadas para criar o tecido conectivo que coordena a interação de grupos de modo que as pessoas certas possam falar nos momentos exatos e pelo tempo adequado. Revelamos como os grupos podem tomar maior consciência de seus processos através da *metacognição*, em que o simples ato de explicar ou descrever como alguém toma uma decisão induz a um novo grau de conscientização e aumenta a capacidade de coordenação.[31] Você aprenderá como, ao treinar as pessoas em conjunto, será possível melhorar não apenas as habilidades e talentos individuais como também garantir que as pessoas aprendam as habilidades de forma contextualizada de modo a atuarem de forma unificada, como uma equipe.[32] Finalmente, para escapar da armadilha da maratona de reuniões, comitês ineficientes e tempo face a face desnecessário, iremos mostrar-lhe como desenhar interações que equilibrem o trabalho "isolado nas cavernas" (privado) e o trabalho "comunitário" (público) de forma a ganhar o poder de tempo individual focado bem como de interações colaborativas.

Conclusão

À medida que você se defronta com seus problemas com pessoal mais difíceis, cinco armadilhas clássicas podem levá-lo a um impasse em termos de "ação sem pulso": a Armadilha do *Expertise*, a Armadilha do Vencedor, a Armadilha da Concordância, a Armadilha da Comunicação e a Armadilha da Macrogestão. Todas elas se mascaram, inicialmente, como sinais promissores que jogam a favor de seus pontos fortes – seu conhecimento, espírito competitivo, apreço por parte das pessoas e vontade de se comunicar com os outros e empoderá-los. Mas elas também podem levá-lo a gastar seus tempo e dinheiro em caminhos ruidosos cheios de lixo em que você não conseguirá fazer progressos no que concerne a seus problemas.

Muitas pessoas não se dão conta de que estão perdendo valor através dessas armadilhas, pois elas foram treinadas a focarem em custos diretos facilmente quantificáveis, deixando-as cegas em relação aos custos indiretos. Mas, nesses tempos, em que obter lucros é mais difícil do que nunca, os gestores estão tendo uma nova visão de seus ambientes de trabalho e avaliando como gastam e onde há desperdício. Hoje, mais do que nunca, não há espaço para investimento em ruídos em vez de sinais.

À medida que for lendo sobre cada uma destas armadilhas, pense em quais delas estão à espreita em sua própria organização. Talvez seja apenas uma ou, quem sabe, você se veja lutando contra várias delas ao mesmo tempo, como no caso de Sandeep. Em qualquer um dos casos, é preciso traçar um plano de ataque para parar de gastar tempo e dinheiro nesses ralos, quebrar o impasse e solucionar os seus problemas mais atrozes e frustrantes.

Portanto, o foco deste livro é ajudá-lo a reconhecer e avaliar o seu potencial como líder, dominar os seus talentos e, também, capitalizar recursos inexplorados dentro de sua própria organização. Pelo fato de estarem em jogo milhares de decisões complexas e interações de pequena escala que criam desperdício em larga escala, as estratégias que aqui descrevemos são elaboradas, refinadas, específicas e práticas. Esperamos que muitas delas deem a você um conjunto de ideias para serem implementadas com a sua equipe. Na realidade, talvez você já tenha ouvido falar antes de algumas dessas ferramentas e até mesmo as tenha usado em uma determinada ocasião. Usadas de maneira correta e no contexto certo, tais estratégias podem livrá-lo das armadilhas que podem fazer vítimas os melhores de nós. Comecemos.

Calcule o seu Desperdício Diário

É possível identificar quais problemas estão lhe custando mais caro, não apenas em termos de dinheiro, mas também em termos de tempo, energia e recursos adicionais. Monitorando esses custos você conseguirá não apenas visualizar a enormidade do desperdício dentro de sua organização como também almejar áreas a serem melhoradas.

Para cada item abaixo, estime a quantia desperdiçada diariamente, levando em conta não apenas coisas que lhes são cobradas (como a contratação de consultores ou pessoal novo), mas também aqueles custos indiretos (tempo e recursos perdidos bem como custos de oportunidade). Que quantia sua organização perde todos os dias devido a problemas com pessoal que você ou algum outro membro da equipe enfrenta? Escolha um número entre R$ 0 e R$ 20.000.

1. Deixar de alcançar um acordo mutuamente benéfico com clientes. R$ ______
2. Conflitos improdutivos. R$ ______
3. Compra de tecnologias caras que não funcionam. R$ ______
4. Aplicação das mesmas soluções para qualquer problema sem pensar mais e de forma criativa em outras opções. R$ ______

5. Realização de análises de dados extras pelo fato de as pessoas postergarem suas decisões. R$ ______
6. Pagar a consultores por ideias que a organização já conhece. R$ ______
7. Gastos com o desenvolvimento de uma inovação, porém deixar de reconhecer o seu valor até que um concorrente desenvolva a mesma ideia. R$ ______
8. Investimento naqueles projetos "menina dos olhos", mas que não têm credibilidade. R$ ______
9. Foco em incentivos individuais em vez da organização como um todo. R$ ______
10. Autocensura na tentativa de externar preocupações sobre problemas críticos. R$ ______
11. Ignorar problemas importantes para evitar conflito. R$ ______
12. Contratação do funcionário errado. R$ ______
13. Deixar de informar funcionários sobre seu baixo desempenho. R$ ______
14. Viver em redutos fazendo com que as equipes percam ideias valiosas de pessoas de outras áreas. R$ ______
15. Tempo perdido em reuniões improdutivas. R$ ______
16. Priorização de tempo com contato pessoal e realização de trabalho "urgente" improdutivo. R$ ______
17. Gasto de dinheiro em treinamento que não é útil. R$ ______
18. Pagar pessoas para motivar os funcionários a fazerem o que teriam de ter feito de qualquer jeito. R$ ______
19. Elaboração de programas de incentivos demasiadamente complexos. R$ ______
20. Deixar de inspirar seus subordinados. R$ ______

Some todos os valores para ver seu saldo final. Agora, observe quais itens representaram o maior custo. Tenha estas áreas em mente à medida que for lendo os próximos capítulos. Esse conselho visa ajudá-lo a se livrar desses custos de uma vez por todas.

CAPÍTULO 2

A Armadilha do Expertise

Brooke é chefe de cobrança em um call center. Seu trabalho é garantir que clientes que atrasaram suas prestações adiram a planos de renegociação de dívidas. Muito embora o call center tivesse páginas e páginas de scripts que ajudavam os auxiliares de cobrança menos experientes a se comunicarem melhor, Brooke não confia no script. Pelo contrário, ela pensa como um jogador de xadrez, avaliando rapidamente uma situação e direcionando a conversa para atingir o seu objetivo.

Contudo, o *expertise* de Brooke fez com que ela fracassasse ao ligar para Alex para negociar um plano de renegociação de dívidas. Alex ligou dizendo sobre uma complicação importante em seu tratamento de câncer. Brooke respondeu rapidamente: "sinto muito por isso" e em seguida passou imediatamente para a postura de cobrança. Alex ficou raivoso com sua atitude e simplesmente desligou, embora sem não antes deixar de repreendê-la além de ameaçar ligar para o supervisor dela. Brooke ligou de volta imediatamente, porém Alex não atendeu a ligação e sua dívida acabou ficando em atraso, custando à companhia milhares de dólares. Consequentemente, em uma questão de segundos, Brooke tinha sido jogada fora de sua rotina e uma ligação normal havia se tornado explosiva.

Brooke tinha anos de experiência, mas a experiência não esteve a seu lado nessa situação. Quando ela refletiu sobre o ocorrido naquele dia, explicou que havia entrado no piloto automático. Ela havia ouvido as palavras de Alex, mas não havia de fato processado o seu significado que, em caso positivo, a teria forçado a sair do seu padrão.

O *expertise* possui muitos benefícios, normalmente, permitindo ao profissional chegar, sem muito esforço, a julgamentos excelentes e a chegar ao sucesso. Por exemplo, da mesma forma que a maioria das pessoas não precisa pensar sobre como amarrar seus sapatos ou andar de bicicleta, jogadores de tênis profissionais não precisam pensar sobre que força aplicar à bola quando sacam, pois a memória muscular deles é suficiente. Da mesma forma, os líderes não precisam pensar quando realizam uma reunião de força-tarefa ou examinam um balanço. Eles já realizaram estas tarefas milhares de vezes.

Quando especialistas colocam os comportamentos bem treinados no piloto automático, eles podem preservar recursos mentais para suas obrigações mais prementes e seus problemas mais complexos. O prêmio Nobel Herbert Simon chamou as estratégias de pensamento por meio de atalhos de *satisficing*, uma junção dos termos *satisfy* e *suffice.*[1] *Satisficing* significa conformar-se àquilo que é suficientemente bom. É o oposto de *otimização*, ou seja, atingir o potencial pleno de alguém em uma dada situação, ser o melhor. E não há nada de errado nisto. A maior parte das pessoas não tem tempo para buscar sem cessar um resultado ótimo em todas as situações; portanto, é eficiente ir em frente com uma opção que seja suficientemente boa. Essa abordagem à resolução de problemas pode poupar tempo, dinheiro e esforço.

Isto é, até que a solução falhe. Quando os gestores estão voando no piloto automático, como estava Brooke, ocasionalmente, eles podem ser pegos de surpresa por uma situação nova, paradoxal, atroz e inusitada. Em seguida, eles vão direto para o Triângulo das Bermudas da Armadilha do *Expertise*, em que rotinas bem aprendidas que normalmente os atendem tão bem podem sair pela culatra.

Consideremos o paciente que deu entrada em um pronto-socorro do Texas em 26 de setembro de 2014. Ele apresentava um quadro típico de gripe. Em seu prontuário uma nota descrevia seu estado como "rotineiro, não merecendo atenção especial" e outra dizia "excepcional apenas pela congestão nasal e corrimento nasal juntamente com leve dor abdominal". A enfermeira haveria, até mesmo, conversado com o paciente sobre seu fatigante e recente voo vindo da Libéria. Contudo, logo o mundo descobriria que não se tratava de uma dor de estômago originária de gripe ou náusea decorrente de viagem aérea. Thomas Eric Duncan era o primeiro caso de ebola nos Estados Unidos. Pelo fato de todos no pronto-socorro estarem seguindo um roteiro padrão, Duncan foi liberado em vez de ser tratado e isolado, aumentando o risco de disseminação da doença em um aglomerado urbano. Em poucos dias, morria Duncan, deixando para trás duas enfermeiras lutando por suas vidas e um hospital com uma avalanche de processos na justiça e questões sobre o seu preparo.[2]

O pai de Tanya é pediatra e normalmente descreve seu trabalho como diagnosticar dores de ouvido e febres 99% do tempo e condições de risco de vida em 1% dos casos. O que faz da medicina tão difícil é que não se pode simplesmente ligar o piloto automático, pois nunca se sabe se estamos diante de um caso de 1% (o sinal no meio do ruído). Essa observação aplica-se não apenas à medicina, mas à maioria das áreas do trabalho e da vida.

As pessoas obtêm pulso em suas ações quando seus modelos mentais analisam sintaticamente e de forma clara os sinais verdadeiros, eliminando o ruído. E os especialistas têm modelos mentais poderosos que conferem a eles uma alta sensibilidade na análise e separação dos sinais de ruído na maior parte do tempo. Mas quando os especialistas aplicam em demasia os padrões, rotinas e experiências que acumularam ao longo de anos de prática, podem deixar passar sinais inéditos. Pode ser que até se fixem no ruído ao interpretarem uma nova situação caso o ruído tenha sido um sinal relevante em situações anteriores.

A questão então é: como os gestores saem da Armadilha do Expertise, sem, ao mesmo tempo, jogar fora toda sua experiência e *insight* que lhes permitem ser eficazes na maior parte das situações? Certamente seria ineficiente para você se colocar em uma nova curva de aprendizagem todos os dias, como se você fosse um novato. A resposta está nas três habilidades críticas que permitem a você sair do modo automático para o manual:

- **Reconhecimento de padrões e testes de ratificação:** algumas vezes os indivíduos partem do pressuposto que uma situação de momento se encaixa perfeitamente em um certo padrão que acharam tipicamente útil no passado. Para reduzir a taxa de erro dos modelos mentais deficientes, gere "testes de ratificação" para ver aquilo que você não espera ver, mas precisa enxergar.

- **Observando a figura e o seu fundo:** à medida que as pessoas estruturam rapidamente uma situação, seu *expertise* as ajuda a determinar rapidamente o que é relevante e o que não é. Mas, algumas vezes, o que parece ser um sinal importante não é, e o que, aparentemente, parece apenas ruído é, na verdade, essencial para resolver o problema. O desafio reside em ver tanto a *figura* (o problema em mãos) quanto o fundo (o contexto maior) simultaneamente para alargar a visão a fim de captar sinais que, de outra forma, poderiam ser perdidos.

- **Descoberta do problema versus solução do problema:** uma vez que as pessoas tenham delineado problemas baseados em suas experiências passadas, elas tendem a se fixar em abordagens e padrões familiares e descartar outros. Para se "desfixar" e enxergar novos padrões, uma abordagem de descoberta de problemas o desafia a ver os problemas sob várias perspectivas e coletar dados em geral, não apenas aquilo que se encaixa em uma visão mais estreita – mais uma vez afrouxando o padrão e captando sinais que de outra forma passariam desapercebidos.[3]

Consideremos agora cada uma das estratégias que o ajudam a escapar da Armadilha do *Expertise* empregando sua experiência e conhecimentos com um propósito.

Padrões: Detecção e Verificação

Os seres humanos buscam padrões por natureza, vendo rostos na lua e imagens de criaturas míticas nas estrelas. Padrões dão a oportunidade de as pessoas sentirem que tem situações incertas sob controle. Quando as pessoas têm a sensação de terem perdido o controle sobre seus ambientes, elas começam a buscar padrões.[4] Mais especificamente, elas têm uma propensão maior a acreditar em superstições e teorias da conspiração e até mesmo a verem padrões em rabiscos aleatórios. Tanya e suas colegas, as pesquisadoras organizacionais Cindy Wang e Jennifer Whitson, constataram que os momentos de perda de controle faziam com que singapurenses e americanos buscassem previsões em horóscopos.[5]

Os padrões são úteis pois organizam o ruído. Pense no ruído como um conjunto aleatório de sinais. A aleatoriedade é, em grande parte, inútil. Portanto, a formação de padrões é uma habilidade poderosa, permitindo às pessoas descobrir sinais em meio ao ruído, claridade e regularidades em meio à confusão, discernir causa do efeito e, em última instância, prever o futuro. Porém, quando as pessoas começam a ver semblantes na superfície lunar, cometem o erro estatístico de *superadequação*, ou seja, organizar aquilo que na realidade é ruído em padrão.

Os especialistas são particularmente incisivos em visualizar padrões onde outros não veem e em transformar ruído em claridade. Como exemplo, observe a figura a seguir. Agora feche o livro e tente desenhá-la.

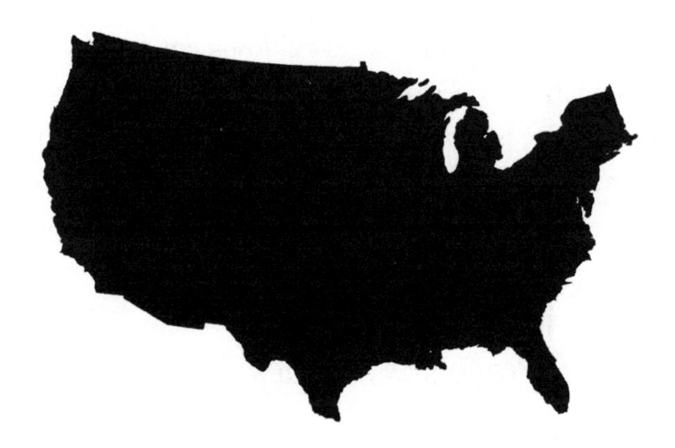

Se for americano, é mais provável que você seja capaz de reproduzir o desenho de forma mais rápida e acurada do que se fosse um chinês, sul-africano ou norueguês.

Agora observe a imagem abaixo, feche o livro e tente desenhá-la:

Certamente este não é o caractere mais complexo da escrita chinesa, porém demandaria um esforço de concentração para alguém que não está familiarizado com esta linguagem desenhá-lo logo após uma olhadela. Alguém alfabetizado em chinês, entretanto, seria capaz de, rapidamente, reproduzi-lo – que, em chinês, representa a palavra repreensor – da mesma forma que um americano seria capaz de reconhecer e reproduzir o traçado do mapa dos Estados Unidos.[6]

Mas é aí que reside o problema: algumas vezes não se vê aquilo que se imagina que se está vendo. Observe novamente a imagem que você acabou de desenhar do mapa dos Estados Unidos. Você desenhou o estado do Maine ou percebeu que grande parte dele está faltando na imagem anterior? Caso não tenha notado, isso se deve ao fato de uma vez que você tem um padrão em sua mente, você muda para o piloto automático e ignora os detalhes da real situação. Isso é chamado *percepção de cima para baixo*: o padrão agora está orientando o que você vê.

Os padrões transformam ambientes ruidosos em sinais claros, previsíveis e significativos. Mas quando as pessoas formam modelos mentais baseados em padrões ilusórios, claramente isso pode ter um custo a elas. Consideremos um exemplo bastante comum do mundo empresarial sobre como a fixação de padrões cria a armadilha para alguns problemas gerenciais custosos, porém evitáveis.

O Preço dos Padrões Ilusórios

Chris era um homem com quase dois metros de altura de cabelos grisalhos e ondulados. Ele usava ternos europeus perfeitamente alinhados e falava com uma voz grave e ressoante. De acordo com os executivos que o contrataram, Chris era o pacote completo: havia trabalhado para empresas similares e tinha as credenciais de ótimas universidades. Porém, o mais importante, eles conseguiam "se conectar" a ele. As pessoas imediatamente tinham uma excelente impressão a seu respeito; algumas até comentavam que ele poderia vir a se tornar o próximo CEO. Entretanto, Chris vivia na dependência exclusiva do seu charme. Seus subordinados foram os primeiros a se dar conta de que da mesma forma como seus comentários de alto nível soaram bem naquelas reuniões iniciais, ele apresentava enormes lacunas em termos de conhecimento técnico. À medida que sua "áurea de liderança" se dissipava, Chris rapidamente perdeu sua credibilidade com funcionários talentosos que, supostamente, ele deveria comandar.

Quando as pessoas veem indivíduos não adequados ao cargo que ocupam passando pelas suas salas, normalmente elas se perguntam como, em primeiro lugar, eles indivíduos chegaram a ser contratados. Basta perguntar a alguns colegas sobre suas técnicas de entrevista e eles revelarão que se basearam normalmente no próprio instinto: "já percebi logo nos primeiros cinco segundos que ele(a) era a pessoa certa para a vaga" ou então "Nem precisei examinar o seu currículo. Usei meu instinto!". Algumas empresas admitem abertamente colocarem de lado o currículo ao entrevistarem candidatos.[7]

Muito embora a intuição possa algumas vezes orientar as pessoas para decisões corretas, esses julgamentos à queima-roupa também podem levar a erros caros – custando às organizações centenas de milhares de dólares em dinheiro, tempo e recursos perdidos. Os executivos que completaram o formulário do "Índice de Desperdício Diário" estimaram o custo com contratações erradas em torno de US$ 8.697,67/dia (ou US$ 3.174.659,55/ano); dos 20 itens da pesquisa, esse foi aquele de maior desperdício citado. Segundo cálculos de especialistas, o custo de uma única contratação ruim – por exemplo, um gerente de segundo escalão que ganhe US$ 62.000 por ano e é despedido depois de 2 ½ anos – é de US$ 840.000 ou mais de treze vezes o valor de seu salário. O verdadeiro custo inclui custos de contratação, custo da manutenção do empregado, indenizações rescisórias e custos Tipo II como as consequências de disrupções, erros, falhas e oportunidades de negócios perdidas.[8]

Como as pessoas caem nesta armadilha de gastos? De várias maneiras, suas suposições imediatas sobre o que faz de uma pessoa um bom gestor podem funcionar como os antigos horóscopos, permitindo a elas formarem padrões sobre as pessoas e fazerem previsões sobre suas personalidades e o potencial futuro delas sem dados empíricos suficientes para apoiar as conclusões – por exemplo, pessoas mais altas são mais respeitadas, pessoas bem apresentadas são mais simpáticas. Pouquíssimas pessoas declarariam abertamente que preferem contratar candidatos fisicamente mais atrativos, o problema é que os estereótipos infiltram-se no inconsciente no processo de tomada de decisão, as suposições se transformam gradativamente em "fatos" e criam uma realidade distorcida.

O problema não é o fato de as pessoas formarem padrões, mas, sim, de aceitarem tais padrões sem testá-los. Os pesquisadores organizacionais Jeffrey Pfeffer e Robert Sutton fizeram a surpreendente, porém fria, observação de que "se os médicos praticassem a medicina da mesma maneira como muitas empresas praticam a administração, haveria muito mais pessoas doentes e mortas e muitos destes médicos acabariam na cadeia".[9] Em resposta, eles apelaram à gestão baseada em evidências, isto é, submeter as primeiras impressões, os sentimentos instintivos e as intuições a testes rigorosos. As pessoas realmente verificaram o quão efetiva é a intuição delas comparada a outros métodos? Quantos funcionários bem-sucedidos elas contrataram em relação àqueles que não deram certo? No espírito do apelo de Galileo Galilei: "meça o que é passível de ser medido e torne mensurável aquilo que não é". A gestão baseada em evidências conclama os gestores a usarem métodos científicos para a coleta e a análise de dados em suas principais decisões de modo a poderem aprender a partir de seus atos e melhorar sua tomada de decisão em longo prazo. Consideremos três métodos para fazer as perguntas e coletar os dados que facilitam a análise e a separação do sinal do ruído.

QUESTIONE O PADRÃO. Suponha que lhe seja apresentada a seguinte sequência de números: 2, 4 e 6. Sua tarefa é descobrir a regra que rege o padrão. Para determinar a regra, você terá que identificar os três números seguintes na sequência. Muito provavelmente, você pensaria em "números pares consecutivos em ordem crescente" e geraria uma sequência do tipo "8, 10, 12". E estaria certo. Logo, agora você está muito mais seguro de que a regra que tem mentalizada está correta. Exceto por não estar. Há, na verdade, uma série de sequências em que esses três números aparecem: números divisíveis por dois, números inteiros ou números menores do que 10. Isto porque a verdadeira regra para o exemplo particular é simplesmente: números crescentes. Portanto, você poderia ter escolhido 7, 29, 144,5 e também estaria certo.[10]

Esse exercício revela a tendência de confirmarmos nossas suspeitas em vez de questioná-las. A tendência é conhecida como *tendência à confirmação* ou *que me é favorável* e todo mundo a possui.[11] Quando questionamos os padrões que temos mentalizados por meio de testes de ratificação, podemos reconhecer seus contornos e construir modelos mentais mais acurados.

Portanto, no exemplo anterior, você vê a sequência 2, 4 e 6 e imediatamente pensa em 8, 10, 12. Reserve um tempo e se pergunte: está em ação a minha tendência à confirmação, como posso testá-la? Primeiramente, você poderia tentar um número ímpar e descobrir que também funciona: os números ainda estão em ordem crescente. Portanto, sua suposição de que todos os números seriam pares também seria invalidada. Logo, você poderia pensar: parti do pressuposto que os números vão aumentando. E se eu tentasse um número menor? Você descobriria então que números menores violam a regra. Através de dois questionamentos às suas próprias suposições, você aprendeu mais detalhes sobre a regra do que imaginava no início do processo.

No caso de Chris, um entrevistador que já tivesse uma impressão favorável dele poderia confirmar a hipótese conduzindo a entrevista de tal modo que Chris pudesse selecionar cuidadosamente pontos de destaque de sua história de liderança. Portanto, os entrevistadores podem inconscientemente criar profecias de autorrealização, comportando-se de forma mais calorosa em relação a candidatos preferidos, mas com pouca consideração em relação a candidatos cuja preferência pessoal fosse menor, conduzindo a entrevista numa dada direção que, em última instância, confirmaria sua expectativa preconcebida.[12] Em um estudo, entrevistadores que foram induzidos a acreditar que um candidato era extrovertido apresentavam uma tendência a fazer perguntas como: conte-me sobre a última festa em que esteve presente. E quando acreditavam que um candidato era introvertido, os entrevistadores faziam perguntas diferentes que tendiam a suscitar respostas que corroboravam essa impressão como: "diga-me o que você faz no tempo em que fica sozinho". Essencialmente, os candidatos se viam diante de dois ambientes de entrevista completamente diversos.[13]

Para expandir os seus poderes de observação de forma consciente, implemente intencionalmente testes de ratificação. A questão básica é aparentemente simples, mas psicologicamente difícil – que teste poderia provar que minha hipótese está errada? Em vez de pressupor que Chris se encontrava acima da média, essa pergunta deveria ter possibilitado ao entrevistador concentrar-se nas falhas específicas do currículo de Chris, forçando-o a provar que ele realmente era um candidato acima da média. Ou o entrevistador de Chris poderia ter comparado diretamente o currículo de Chris (sem foto) com outros para testar a hipótese de que ele de fato era o candidato mais indicado para a função.[14] No caso de Sandeep, ele deveria ter perguntado a si mesmo: "quais são as razões (*além do fato de* eu ter achado os dois antagonistas muito difíceis) para a minha equipe ter tantas dificuldades em ser coordenada?".

COLOQUE UMA CORTINA. Para submeter os seus padrões a uma verdadeira prova, colete dados que irão provar que suas intuições estavam erradas. Ao realizar um teste de fato e buscar tais informações, a má notícia – que você estava errado – é, de fato, a boa notícia – agora você sabe o que realmente está se passando. Ao fazer o papel do policial ruim com você mesmo, você aumentou as suas chances de evitar uma *armadilha de despesas.* Mas aqui está o desafio: a tendência de confirmação também distorce a maneira como as pessoas elaboram testes, coletam dados e analisam seus resultados. Portanto, como elaborar testes que impeçam a tendenciosidade de aspectos como profecias de autorrealização para analisar e separar o sinal do ruído da forma mais clara possível?

Nas décadas de 1970 e 1980, as orquestras sinfônicas nos EUA começaram a examinar as reapresentações em grande demasia de músicos do sexo masculino e a preocupação crescente de que as principais orquestras sinfônicas não estivessem contratando necessariamente baseadas no critério de mérito. Colocado de forma mais crua, parecia que as orquestras poderiam ser acusadas de tendenciosidade na seleção de talentos. Para tanto, elas conduziram um rigoroso experimento: as audições dos músicos não seriam mais com plena visão diante do comitê contratador, mas, sim, atrás de uma cortina. Consequentemente, o único sinal emitido seria a música em si. O ruído (sexo, aparência física e vestimenta) era encoberto. Através dessa simples mudança, a chance de uma mulher avançar para a próxima rodada de audições aumentou, pasmem, em 50%.[15]

O resultado garante uma trégua, especialmente no que diz respeito a entrevistas e promoções corporativas. É preciso deixar claro que não é propriamente prático entrevistar candidatos a cargos de alto escalão, nem mesmo de nível intermediário, literalmente atrás de uma cortina. Portanto, qual seria o equivalente no mundo empresarial?

Para colocar a sua cortina, elabore um teste claro e sem vícios de hipóteses pessoais. Caso queira, por exemplo, eliminar o ruído da aparência física, avaliar os candidatos através do telefone poderia ajudar.

Mas as entrevistas via telefone ainda possibilitam outras formas de ruído como sexo e sotaque, apenas para começar. E uma cortina que pode ajudar no controle de profecias de autorrealização sejam elas em entrevistas via telefone ou presenciais seria adotar um *protocolo padronizado*. Em vez de simplesmente jogarem fora seus *scripts*, os melhores entrevistadores criam as mesmas condições para todas as entrevistas – eles fazem as mesmas perguntas e até mesmo mantêm suas cadeiras à mesma distância de cada candidato.[16]

Finalmente, verifique se você está tentando testar uma hipótese que é impossível de alcançar com evidências concretas. Normalmente ouvimos dizer que os candidatos precisam ter o apreço por parte das pessoas, "estar em forma" e trabalharem bem com outras pessoas. Infelizmente, qualquer funcionário em potencial do qual você "goste", tomando como base suas primeiras impressões, pode ser encarado como algo velho e usado que foi "reformado" para atender esses critérios nebulosos.

E, pelo fato desses critérios nebulosos serem difíceis de serem testados, as pessoas observam como o entrevistador conversa para chegar a suas inferências, que podem ser sinais completamente inválidos de suas crenças e comportamentos verdadeiros. Em geral, os entrevistadores são feitos para selecionar a "lábia" em vez de ações efetivas, o excelente trabalho em equipe e a profunda reflexão.[17] Chris, por exemplo, era especializado em lábia: ele sempre parecia brilhante, muito embora fosse parco em conteúdo.

Para contra-atacar esse tipo de coisa, os melhores entrevistadores avaliam comportamentos mensuráveis. Portanto, caso queira alguém cuja principal responsabilidade seja conduzir análise estratégica, então é muito mais provável que você encontre um bom candidato solicitando a todos eles que façam uma análise estratégica de algum problema real em sua empresa. Em seguida, faça uma triagem de uma forma livre de tendenciosidade comparando cada um dos relatórios apresentados ("o sinal") anonimamente – eliminando deles nome, sexo, raça e aparência física ("o ruído").

ENCONTRE AS "PEDRAS PRECIOSAS" NA "GARIMPAGEM" DOS DADOS. Além da elaboração de experimentos, analise o histórico. Na era do *big data*, as empresas passaram a se sentir à vontade deixando que os dados falassem por si só no que diz respeito a questões operacionais e de *marketing*; por exemplo, quando gestores comparam estratégias para reduzir o desperdício em uma rede de *fast-food* ou elaboram uma intervenção de *marketing* para um dado segmento de clientes. Mas eles estariam menos propensos a usar o rigor em relação a problemas com pessoas com as quais se deparam regularmente. Toda vez que você quer contratar o funcionário certo ou montar a melhor equipe, oportunidades criativas para otimizar suas escolhas se encontram bem à sua frente ao desenterrar dados não analisados de experiências passadas.

O psicólogo Robyn Dawes, por exemplo, enfrentou o desafio de selecionar excelentes candidatos a um título de PhD.[18] Aqui, como nas empresas, uma escolha errada pode ser uma decisão custosa para qualquer universidade. Enquanto um excelente aluno do doutorado pode incrementar a pesquisa de um docente, um aluno improdutivo custa à universidade aproximadamente US$ 100.000 em mensalidades e um salário por quatro anos, e sem incluir o custo de treinar o estudante e as oportunidades perdidas para desenvolver um jovem e promissor pesquisador. Para ampliar sua capacidade de observação, Dawes reuniu dados históricos de todos os alunos pós-graduados aceitos no Departamento de Psicologia da University of Oregon entre 1964 e 1967, em termos de suas notas e pontuação em exames GRE.* Em seguida, ele solicitou que os docentes avaliassem se os alunos eram brilhantes, acima da média, medianos, abaixo da média ou então haviam deixado o programa devido à sua dificuldade em acompanhá-lo – uma medida que todos os docentes julgavam importante. Dawes descobriu que o melhor indicador do sucesso de um aluno seriam suas notas e pontuação em exames GRE. Através da análise de dados dormentes que sua organização foi coletando sobre repetidas decisões, ele colocou sua intuição à prova para verificar quais fatores eram realmente passíveis de serem usados como indicadores de prognóstico. Além disso, ele descobriu que os julgamentos humanos raramente eram (se é que alguma vez foram) capazes de superar esses modelos. De fato, o seu departamento não apenas havia se baseado em sinais inválidos como também os utilizou de forma inconsistente.

* O Graduate Record Examination, ou GRE, é um teste cuja nota é utilizada como critério de admissão em diversos programas de mestrado e doutorado dos Estados Unidos e em alguns programas europeus. O teste foi criado e é administrado pela Educational Testing Service (ou ETS, também responsável pelo TOEFL). Fonte: Wikipédia <https://pt.wikipedia.org/wiki/Graduate_Record_Examination>. (N.T.)

Como os gestores poderiam aplicar as técnicas de análise de dados de Dawes para problemas com pessoal em seus ambientes de trabalho? Suponha, por exemplo, que você queira entender melhor o quão bem as equipes que você gerencia estão trabalhando juntas, de modo a poder maximizar suas produtividades para um projeto vindouro. Para ampliar a sua capacidade de observação, crie uma planilha listando todas ou várias equipes que você criou ao longo de vários anos e os nomes de seus membros. Use um esquema para avaliar o máximo possível de informações sobre as situações: tamanho da equipe, recursos alocados, natureza do projeto e assim por diante. Em seguida, introduza seus resultados: o projeto foi bem-sucedido ou foi um completo desastre? O que funcionou bem e onde surgiram problemas? Compilar esses dados pela primeira vez pode ser trabalhoso, porém manter registros atualizados como esses como parte da rotina do RH cria um banco de dados regular que continuamente revela quais equipes estão funcionando bem e quais não.

Qual a comparação dos resultados em relação às suas expectativas? Há alguma surpresa que possa ser trabalhada? Por exemplo, normalmente constatamos que muitos gestores têm como expectativa que os indivíduos de melhor desempenho integrem as melhores equipes, mas isso muitas vezes não é o caso. Veremos mais a respeito no Capítulo 6. Simplesmente prestando atenção na composição, você poderá ser capaz de montar as equipes colaborativas dos seus sonhos sem desperdiçar seu esforço e dinheiro em fatores que não oferecem poder de prognóstico. Ao utilizar dados históricos de sua própria organização, você ampliou sua capacidade de observação a ponto de extrair inferências válidas sobre o que importa e por quê.

Dawes argumenta que qualquer coisa, até mesmo escolhas aleatórias, é melhor do que a intuição humana no que tange a fazer previsões. Um estudo constatou que líderes selecionados aleatoriamente poderiam ser mais eficazes do que líderes escolhidos a dedo![19] Muitas vezes as pessoas escolhem líderes tomando como base seus charme e carisma, que pode ser ótimo para a capa da *Gentleman's Quarterly*, mas não necessariamente para liderar efetivamente uma equipe.

Dawes até mesmo sugeriu criar uma equipe periodicamente que, segundo sua intuição, seria um fracasso. Essa é também uma outra forma de combater tendências de confirmação. Reúna um grupo de pessoas em relação às quais sua expectativa é baixa, seja por questões de produtividade ou de relacionamento interpessoal, e teste se tais expectativas são de fato corroboradas pelos dados. Sem o teste de ratificação, você não pode realmente saber se o seu modelo de montagem de equipe está funcionando. Em outras palavras, se você montar equipes cuja expectativa é a de serem bem-sucedidas, como você descobriria se as pessoas, cuja expectativa é a de não serem bem-sucedidas, iriam de fato fracassar? O teste de ratificação lhe dará a chance de descobrir valores que de outra maneira você teria desperdiçado.

E cada uma das técnicas é particularmente importante ao abordar problemas atrozes. Muito embora talvez você não seja capaz de testar soluções diretamente em problemas atrozes, esses testes ainda são cruciais, pois esse tipo de problema desafia as formulações óbvias, exigindo que você supere as primeiras impressões convencionais sobre o que está causando o que.

Observando a Figura e o seu Fundo

Discutimos como as pessoas inconscientemente dependem de padrões que orientam sua percepção em uma dada direção, dependem de detalhes críticos obscuros e criam pontos cegos. Consideremos agora um tipo de padrão comum e específico que pode obscurecer sinais críticos: focar na figura em vez do seu fundo. Em outras palavras, fixar-se naquilo que está bem à sua frente geralmente faz com que se percam sinais que estão ao fundo.

Observe a figura a seguir. O que você vê?

Quando americanos observam esta figura, a maior parte deles se concentra no peixe isolado mais à direita, o líder (isto é, a *figura*). Porém, quando indivíduos de nacionalidade chinesa olham para figuras como esta, é mais provável que eles se concentrem no cardume de peixes como um todo (ou seja, o *fundo*) e os imaginem caçando aquele peixe isolado à frente![20]

Tanya e os pesquisadores Jessica Sim, Jeanne Fu, Chi-Yue Chiu e Ying-Yi Hong solicitaram a indivíduos americanos e singapurenses uma tarefa distinta: escolher o líder. De forma não surpreendente, praticamente todos os americanos escolheram o peixe da frente.[21] Porém dos singapurenses, 25% disse que o líder era o peixe que estava mais *para trás*. Essas distintas percepções representam distintas expectativas sobre qual deve ser a posição estratégica de um líder. O líder na dianteira estaria olhando para um espaço vazio, provavelmente o futuro. O líder na traseira, contudo, tinha uma visão do grupo inteiro e uma perspectiva holística da situação.

As diferenças de perspectiva estão presentes em diferentes culturas, estendendo-se até a gostos artísticos. Os norte-americanos e os europeus preferem imagens em que a figura domina o fundo, ao passo que o povo do leste asiático prefere figuras com contextos ricos. Os museus europeus historicamente dão preferência aos retratos, ao passo que os museus asiáticos têm em grande parte paisagens.[22]

Ao formar padrões que se concentram na figura e ignorando o fundo, as pessoas criam um ponto cego que pode obscurecer sinais essenciais no ambiente. Líderes bem-sucedidos são capazes de ampliar a abertura de suas câmeras gerenciais e considerarem não apenas indivíduos, mas o contexto deles como um todo. Além de peixes e arte, vamos considerar as implicações de ver padrões de figuras e de fundos ao tratar de problemas gerenciais. Pense em cada uma das seguintes situações. Escreva em uma folha de papel sua primeira impressão sobre o porquê da ocorrência do evento.

1. Você faz uma apresentação do andamento de um de seus projetos mais recentes. Seu colega rapidamente passa a questioná-lo e a criticar detalhes. Qual é a primeira razão que lhe vem à mente?
2. Um subordinado seu pede-lhe continuamente orientação sobre projetos em vez de usar seu próprio discernimento. Qual a primeira razão que lhe vem à mente?

3. Um candidato a uma vaga que você está entrevistando responde de modo hesitante às perguntas. Qual a primeira razão que lhe vem à mente?

Alguma das primeiras impressões abaixo lhe parece familiar?

1. Seu colega está te vexando, pois ele não é do tipo que trabalha em equipe.
2. Faltam a seu funcionário espírito de iniciativa e liderança.
3. Falta ao entrevistado experiência para o cargo.

Essas são situações mundanas que os gestores enfrentam todos os dias, mas que, na ausência de reflexão, podem levá-lo a um juízo precipitado. A tendência de incorretamente atribuir comportamentos a determinados tipos de personalidade em vez da situação é o chamado *erro fundamental de atribuição.*[23] Suponha que, em vez de concentrar-se na pessoa, você atribua a esses comportamentos fatores ambientais temporários. Suas explicações poderiam ser as seguintes:

1. Seu colega teve um dia horrível e apenas está irritado.
2. O ex-chefe de seu funcionário era um microgestor que esperava ser informado constantemente do que ocorria.
3. O candidato à vaga está nervoso, pois é estressante enfrentar uma entrevista.

As suposições acima não são erros fundamentais de atribuição, elas focam nas situações. De fato, há inúmeras possíveis interpretações desses eventos objetivos, cada um dos quais levando a uma história bem diferente que, por sua vez, afeta a abordagem para administrá-la. Vamos novamente dar uma olhada no primeiro cenário e considerar possíveis explicações para o comportamento de seu colega:

Você faz uma apresentação do andamento de um de seus projetos mais recentes. Seu colega rapidamente passa a questioná-lo e a criticar o seu projeto...

... porque ele não tem habilidade no trato social.
... porque ele se sente ameaçado pelo seu projeto.

... porque ele está passando por problemas pessoais.
... porque de fato ele está muito entusiasmado com as suas ideias e quer dar opiniões para ajudar e fazer com que elas deem certo.

Em cada um dos exemplos, as suposições se infiltram nos fatos e influenciam as percepções das personalidades das pessoas com as quais você está tratando. Ao fixar os comportamentos delas em um tipo de personalidade imutável – por exemplo, os dois funcionários encrenqueiros de Sandeep são recalcitrantes –, você acaba perdendo a história verdadeira e causal que explica suas ações. Ao assim fazê-lo, acaba resolvendo o problema errado. Por exemplo, você imagina que está lidando com um colega zangado quando, na verdade, ele está estressado com uma outra situação premente. Uma abordagem de confrontação com esse colega poderia exacerbar o estresse e piorar a situação.

Pelo fato de o erro fundamental de atribuição poder apropriar-se do seu entendimento sobre outras pessoas e as situações que estão enfrentando, você precisa contornar o problema da mesma forma que em um teste de ratificação. Nós o chamamos de *verificação de background*. Obviamente, esse não é o tipo de investigação que um agente do FBI poderia conduzir, mas é uma que líderes devem se engajar para examinar de perto suas percepções e ver no histórico que talvez possam ter perdido algo. Essa *não* é a tão conhecida regra de perguntar "por quê?" três vezes – que pode simplesmente levá-lo a um buraco cada vez mais profundo de erros fundamentais de atribuição –, por exemplo: por que ela tem um desempenho tão baixo? Porque ela é preguiçosa. Por que ela é preguiçosa? Porque lhe falta ética apropriada no trabalho. Por que lhe falta ética apropriada no trabalho? Porque foi assim que ela foi criada. E assim por diante.

Antes de se aprofundar cada vez em um "por quê?" específico, use a verificação de *background* para revelar um espectro mais amplo de possíveis "porquês" que poderiam estar subjacentes ao comportamento da pessoa.[24] Para flexibilizar suas hipóteses, pergunte: que fatores, além da personalidade desta pessoa, poderiam ser responsáveis pelo seu comportamento? Uma tarefa ou situação difícil? Sorte? Seu esforço ou sua abordagem?[25] Como esta pessoa se comportou em situações passadas? Como outras pessoas se comportaram em situações similares?[26] Como a personalidade desta pessoa e sua situação interagem para produzir um determinado resultado? Como o seu próprio comportamento afetou a situação?

Honestamente, a última pergunta é a mais difícil de responder. As pessoas adoram desempenhar um papel de estrela em seus dramas pessoais, porém na condição de herói, não de vilão. Portanto, elas naturalmente atribuem causas para o comportamento alheio que as fazem parecer boas no papel que desempenham na criação do resultado e evitam aquelas que possam dar um destaque menos adulador a seus próprios papéis.

Talvez entre os "porquês" no âmago de *sua* contribuição para as três situações descritas anteriormente estejam:

1. O seu colega critica os seus projetos por apresentar sérias falhas que deveriam ser discutidas abertamente.
2. O seu funcionário lhe pede orientação constante pelo fato de você não ser claro na descrição do projeto e na antecipação de suas expectativas.
3. O candidato à vaga hesita porque o seu tom e estilo de fazer as perguntas da entrevista deixa o candidato nervoso.

Com uma força de trabalho cada vez mais globalizada, nossa pesquisa também explorou como as diferentes culturas explicam os conflitos através de diferentes relatos. Por exemplo, embora o povo do leste asiático seja mais propenso a prestar atenção no fundo, a pesquisa de Tanya com Michael Morris, Chi-Yue Chiu e Ying-Yi Hong indica que elas são mais propensas a se fixarem e a jogarem a culpa no grupo e em sua "personalidade".[27] Em equipes globais multiculturais como a de Sandeep, isso significa que os problemas com pessoas podem rapidamente se transformar em problemas de grupo polarizados baseados em generalizações sobre determinados grupos de nacionalidade ou especializações. Portanto, ao reconhecer os hábitos culturais, o povo do leste asiático também pode alargar suas perspectivas pensando em outras possíveis causas (que vão além do nível do grupo) que poderiam dar a ele um melhor entendimento da situação. Ao introduzir os pontos cegos usuais de suas equipes ou culturas, os gestores podem avaliar de forma mais acurada a situação que estão enfrentando e responder à altura.

Descobrir o Problema Antes de Tentar Resolvê-lo

Uma característica essencial do *expertise* é a facilidade com que possíveis soluções podem vir à mente. Porém, ao se depararem com problemas atrozes que exigem uma busca mais ampla de opções, as pessoas podem vir a se sentir prisioneiras de seus próprios padrões e modelos mentais. À medida que se ganha experiência, nosso pensamento pode se tornar mais rígido porque rapidamente excluímos interpretações que não atendam aos padrões por nós esperados. Na maior parte do tempo a habilidade cognitiva nos permite separar os sinais do ruído, mas ela também pode afastar maneiras novas de se ver um problema.

Consideremos um exemplo de como a falta de *expertise* pode, na verdade, abrir as portas para novas e inovadoras soluções para problemas persistentes. Dois estudantes de engenharia ambiental na África, Moctar Dembélé e Gérard Niyondiko, observaram que o animal mais perigoso do planeta não era o leão nem o tubarão, mas, sim, um pequeno mosquito. A malária, disseminada por mosquitos, mata mais de 400.000 pessoas por ano e é a principal *causa mortis* na África subsaariana. A UNICEF estima que a malária custe à África "US$ 12 bilhões por ano em PIB perdido, muito embora pudesse ser controlada por uma fração desse valor".[28] Obviamente, uma fração de US$ 12 bilhões ainda é muito dinheiro. Um relatório preparado em conjunto pela ONU, pelo Banco Mundial e por empresas farmacêuticas, recomendava que governos e ONGs reservassem em seus orçamentos US$ 5 bilhões anuais para prevenção da malária, comparados ao US$ 1 bilhão atualmente gasto, com um adicional de US$ 9 bilhões em pesquisa e desenvolvimento ao longo da próxima década.[29]

E, apesar de todos os gastos, as pessoas têm pouco pulso sobre o problema. Particularmente, os repelentes normalmente são ineficazes, pois são caros, tóxicos e requerem um uso disciplinado.

Por um lado, as pessoas conhecem a solução para o problema da malária: proteger-se contra a mordida do mosquito. Mas, na realidade, elas não se concentraram em "descobrir" o problema subjacente de forma acurada: como desenvolver repelentes eficazes e seguros com chances de os moradores locais passarem a usá-lo. Dembélé e Niyondiko pensaram então: por que não embutir o repelente no sabonete? O produto deles, Faso Soap, que naturalmente repele mosquitos sem a presença de perigosos agentes químicos, em 2013, ganhou um concurso promovido pela Berkley (Haas School›s Global Social Venture Competition).[30] Em vez de exigir pessoal médico de custo elevado ou programas de mudança de comportamento, o sabonete, que custa US$ 0,59 cada, tem um preço razoável que se encaixa dentro da rotina de higiene normal dos habitantes locais e pode poupar milhares de dólares em despesas médicas para cada caso de malária por ele prevenido.

Como não especialistas, Dembélé e Niyondiko abordaram o problema de baixo para cima, sem as soluções de cima para baixo convencionais. Eles não instituíram caros e complexos programas que poderiam complicar a vida das pessoas; pelo contrário, eles desenvolveram uma solução que poderia entrar na rotina diária delas.

Essa medida criativa envolve superar o que é conhecido como *tendência à pré-utilização*, um bloqueio cognitivo que ocorre quando as pessoas já usaram uma ferramenta ou recurso de uma determinada forma no passado, tornando praticamente impossível o seu uso de uma forma diferente.

Para verificarmos como a pré-utilização poderia levar à Armadilha do *Expertise*, consideremos os experimentos de resolução de problemas do psicólogo Karl Duncker. Duncker entregou às pessoas analisadas uma caixa de fósforos, uma caixa de percevejos e um pacote de velas e pediu a elas para posicionar verticalmente uma vela próximo de uma parede para servir de luminária. Menos da metade dos analisados foram capazes de resolver o problema.[31]

Entretanto, ao receberem os mesmos materiais, só que com os fósforos, os percevejos e as velas fora de seus recipientes, repentinamente elas viram as caixas como parte da solução, não mais como simplesmente um recipiente para conter os materiais, e foram capazes de chegar a uma solução. A literal solução "fora da caixa" é posicionar uma vela em cima de uma caixa derretendo cera de vela na caixa e fixar a vela nela e depois pregar a caixa à parede. Com o simples fato de apresentar os recursos de uma nova maneira às pessoas analisadas, Duncker foi capaz de transformar o solucionador de problemas funcionalmente fixo em um inovador criativo.

O problema de doenças no mundo subdesenvolvido é um exemplo de um problema atroz e insolúvel em que soluções propostas tipicamente assumem a forma de programas milionários que são extremamente difíceis de serem implementados. Mas ele também revela a possibilidade de gerir até mesmo problemas complexos com "soluções simples de um centavo".

A Prática da Abordagem da Descoberta do Problema

Para praticar a abordagem da descoberta do problema, Sandeep conduziu sua equipe de gerentes por meio de uma série de conversas desafiadoras que ajudaram a afrouxar suas suposições fixas.

CRIE UM NOVO CONJUNTO DE PERGUNTAS. Sandeep sabia que cada uma das discussões prévias havia se degenerado e se transformado em uma dinâmica de grupo "lata de lixo". Isto é, as pessoas tinham ideia fixa pelas suas próprias soluções particulares e defendiam apenas elas. As pessoas não estavam ouvindo umas às outras e aprendendo a partir das outras. E não conseguiam superar a acusação: aquelas histórias "por quê?" levavam a discussões inflamadas em que a atribuição de erros passava de um lado ao outro.

Para transformar a lata de lixo em riqueza orientamos, Sandeep a ajudar o grupo a quebrar os padrões aos quais estavam presos. Em vez de estruturar a discussão de modo que as pessoas simplesmente fiquem defendendo ferozmente suas soluções "menina dos olhos", pedimos a ele para que fizesse com que os outros dessem um passo atrás e respondessem o conjunto de perguntas a seguir (de forma anônima) para ajudar na articulação de seus modelos mentais de mudanças dentro do ambiente competitivo em que estavam inseridos: *onde* isto está acontecendo? *Quando* isto começou? *Quem* está envolvido? *Por que* está acontecendo? *Como* isto está acontecendo? *Com que intensidade* está acontecendo? *O que* está acontecendo?

Como Sandeep leu os relatórios antes da reunião seguinte do grupo, ele poderia ver claramente como as pessoas (e, de fato, as coalizões) estavam ligadas a soluções distintas e vendo problemas também distintos. Por trás de cada uma de suas estratégias existiam modelos mentais diferentes sobre os "onde", "quando", "quem", "por quê", "como", "com que intensidade" e "o quê".

Mas quando Sandeep compartilhou os relatórios individuais com o grupo, ele ficou surpreso em ver que as discussões começaram com comentários sobre as áreas significativas de concordância. Ao permitir que as pessoas articulassem de forma refletida e por escrito seus modelos mentais do problema, elas foram capazes de processar de modo mais profundo do que se tivessem simplesmente expressado de forma precipitada suas primeiras impressões em uma reunião. Em suma, a "prisão" estava sendo impedida e começava a abertura.

Para fazer com que sua equipe considerasse ainda mais outras perspectivas sobre o problema, ele dividiu o grupo em subgrupos, atribuindo ao pessoal técnico a tarefa de escrever sobre o problema segundo uma perspectiva de *marketing* e a equipe de *marketing* escrever sobre sob uma perspectiva técnica.

Em seguida, pediu a eles para escreverem segundo outras perspectivas: a dos usuários, a do CEO e a do principal concorrente.

Ao estimular a equipe a ver problemas diferentes em vez de uma sessão de *brainstorming* para tentar encontrar soluções, Sandeep poderia finalmente levar a uma discussão em que as pessoas não estivessem perdendo tempo falando do passado, defendendo suas próprias soluções e achando defeitos nas soluções alheias.

ILUSTRE DIFERENTES PONTOS DE VISTA. Depois orientamos Sandeep a dividir a equipe em três subgrupos, cada um dos quais desfez as coalizões ao incluir tanto membros das equipes técnicas quanto de *marketing*. Cada equipe foi encarregada de desenhar ou de criar um modelo físico capaz de representar visualmente suas interdependências e relações complexas.

Pelo fato de os problemas atrozes serem complexos e abstratos, foi solicitado às equipes torná-los mais compreensíveis, concretizando-os, ou seja, representando-os visualmente usando protótipos e objetos de verdade. Isso equivale à forma como um ábaco usa um dispositivo concreto para representar cálculos matemáticos abstratos. O ensino de matemática na Ásia se valeu do uso do ábaco por milhares de anos, possibilitando às crianças visualizarem e até mesmo tocarem os números. Da mesma forma, as equipes se beneficiaram de uma representação concreta – desenhando o problema – em vez de simplesmente falarem a seu respeito.[32]

A partir de conversas iniciais, o pessoal de *marketing* começou a reconhecer que tinha de priorizar causas profundas em vez de se concentrar em soluções que ofereciam apenas um impulso de curto prazo. A chave para eles era dar um passo atrás para enxergar o problema sob múltiplas perspectivas em vez de se limitarem a suas soluções preconcebidas.

Você mesmo pode realizar o seu próprio exercício visual com a sua equipe para entender melhor quais suposições estão em jogo e fazer com que elas sejam comunicadas. Comece com uma tabela listando o nome de cada membro da equipe, seguida por colunas identificadas como "problemas", "soluções" e "recursos" (veja a Tabela 2-1). Faça com que cada membro da equipe preencha a tabela, definindo suas percepções dos problemas, as soluções que eles enxergam e os possíveis recursos que precisariam ser envolvidos.

Uma vez que todos tenham tido a oportunidade de preencher a tabela, você terá uma comparação lado a lado do ponto de vista de cada um. Você será capaz de perceber aonde as atitudes diferem em relação às questões em jogo, aonde os indivíduos têm a ideia fixa por soluções específicas e quais recursos serão necessários para prosseguir. Provavelmente, você terá um amplo espectro de problemas e soluções, o que não deixa de ser positivo. A questão é conseguir as diferenças de opinião às claras, de modo a você poder se comunicar de forma mais efetiva.

TABELA 2-1

Planilha para descobrir problemas

Nome das Pessoas	Problemas	Soluções	Recursos

Uma vez que você consiga ver as diferenças em perspectiva, discuta-as. Faça as seguintes perguntas para levantamento do problema com o objetivo de orientar a sua equipe:

- Qual é o problema?
- Como outros grupos veem o problema segundo uma outra perspectiva?
- Quais são os "onde", "quando", "quem", "por quê", "como", "com que intensidade" e "o quê" que estão sendo assumidos em cada perspectiva?
- Que dados sustentam estas diferentes visões do problema?
- Como as pessoas chegaram a uma determinada visão do problema? Interesse próprio, experiência anterior, analogias subjacentes?
- Quais necessidades de elementos constituintes estão faltando nestas formulações e como pensar segundo suas perspectivas levaria a novas formulações do problema?
- Que visões do problema poderiam ser integradas para criar uma visão mais completa do problema? Quais visões do problema deveriam ser priorizadas?
- Existem analogias diversas que poderiam suscitar novas formulações do problema?
- Você seria capaz de identificar potenciais recursos inexplorados?
- Você seria capaz de gerar possíveis "soluções de um centavo"?

Ao visualizar as diferentes perspectivas e depois de discuti-las abertamente, talvez você consiga descobrir que o problema que originalmente estava tentando resolver simplesmente não seja o correto. Uma vez isso reconhecido, você poderá prosseguir com uma solução que lide melhor com os problemas que está focando no sentido de resolvê-los, quebrando, portanto, o ciclo de ação sem pulso.

Conclusão

A maioria dos gestores atingiu um nível de *expertise* em suas áreas de atuação que lhes permite realizar tarefas altamente complexas de forma quase que automática. Contudo, este capítulo revelou como o conhecimento profundo pode, por vezes, levar à Armadilha do *Expertise*. A autoconfiança em certas situações significa que as tarefas ocasionalmente sejam impulsivas: preparar! Fogo! (E *apenas depois*) apontar! Sem os alvos ou sinais corretos, produz-se ação mal direcionada, não obstante a melhor das intenções.

Três conjuntos de estratégias ajudam-lhe a passar do automático para o manual e a administrar essas contrapartidas. Primeiramente, reconheça os padrões e, em seguida, verifique-os. Então, interrompa o hábito de focar em uma peça do quebra-cabeça perdendo, por consequência, o quadro como um todo. Finalmente, liberte-se da tendência de se prender a definições particulares de problemas, de modo a poder encontrar soluções melhores que funcionem. Ao reconhecer os limites dos padrões e modelos mentais subjacentes ao seu *expertise*, você poderá encontrar os sinais ocultos que alargam o seu entendimento das pessoas e das circunstâncias, oferecendo a elas seu pulso no tratamento delas.

Conclusão

CAPÍTULO 3

A Armadilha do Vencedor

Os americanos gastam em média 38 horas por ano presos em congestionamentos de trânsito – para os motoristas urbanos são mais de 60 horas por ano –, com um custo de US$ 121 bilhões em produtividade perdida e combustível extra. As formigas, por outro lado, não têm problema de congestionamento de trânsito. Os entomologistas tentaram criar um congestionamento estreitando os seus caminhos e bloqueando os seus movimentos. Porém as formigas sempre resolvem o problema coletivamente, sinalizando os melhores caminhos para o grupo e continuando suas marchas adiante. Por que as formigas são tão melhores em evitar congestionamentos de trânsito? A resposta reside no fato de as formigas não terem um senso de individualidade e elas existem apenas como cooperadoras para um coletivo.[1]

A Armadilha do Vencedor faz com que as pessoas vejam o tráfego, e grande parte das interações humanas, como um jogo de soma zero de vencedores e perdedores. Obviamente, as pessoas querem ganhar. Elas se convenceram de que se dirigirem agressivamente, buscando a pista de rolamento mais rápida e ultrapassando veículos fazendo com que estes desacelerem, elas vencerão o trânsito.

De fato, a acirrada disputa pelo primeiro lugar, juntamente dos milhares de carros na rodovia, na verdade, tornam o tráfego mais lento para todo mundo já que os carros andam e param, e acidentes provocam congestionamentos enormes. Recente estudo sobre carros autodirigidos, isto é, sem um motorista para conduzi-los, constatou que a simples substituição de 10% dos carros na rodovia por carros autodirigidos, que suprime nosso ego de dirigir, pouparia milhares de vidas e US$ 38 bilhões de dólares em congestionamentos e acidentes evitados.[2]

Certamente, um espírito competitivo impulsiona as pessoas a persistirem, serem criativas, tornaram-se líderes e vencerem no trabalho.[3] Metáforas como guerra, competições esportivas e o instinto de sobrevivência animal são ubíquas no mundo dos negócios. Mas há um lado negativo: quando as pessoas levam a mentalidade da Armadilha do Vencedor para tarefas que não são mais bem resolvidas com concorrência, elas deixam de conseguir pulso em suas ações, pois estão trabalhando sem se entenderem em vez de agirem em conjunto.

CONGESTIONAMENTOS DE TRÂNSITO ORGANIZACIONAIS

É provável que você já se viu em um congestionamento de trânsito organizacional no trabalho. Por exemplo, a equipe de Sandeep se viu presa em um pois seus funcionários se recusavam a dividir a faixa de rolamento e a trabalharem no sentido de um objetivo comum. Pode ser que membros de sua equipe acabem provocando bloqueios uns aos outros ao clamarem por atenção, oportunidades e recursos limitados, ou você esteja patrocinando uma inovação que está emperrada na faixa para veículos lentos. Nossa pesquisa concentrou-se no *tráfego das ideias* dentro das organizações e os frequentes e desperdiçadores congestionamentos que ocorrem quando as ideias deixam de ser espalhadas para aqueles que precisam delas e que, de fato, muitas vezes acabam desaparecendo em buracos negros. Enquanto as formigas emitem ferormônios de rastro que claramente sinalizam uma fonte de alimento para outros membros de sua coletividade, seres humanos seguindo o rastro das boas ideias em suas organizações muitas vezes encontram sinais fracos, caminhos congestionados e transmissão falha. O ex-CEO da HP, Lew Platt, ganhou notoriedade ao lamentar esse desperdício, observando: "se a HP apenas soubesse o que ela sabe, poderíamos ser três vezes mais produtivos".

Eu, Tanya, e Sally Blount (professora e diretora da Kellogg School of Management) estávamos interessadas em compreender como a Armadilha do Vencedor cria um ambiente no qual as pessoas perdem sinais valiosos dos colegas. Procuramos responder a seguinte pergunta: as pessoas dão mais atenção ao *mérito* de uma ideia ou a *quem a transmite*?[4] E mais diretamente, como as pessoas reagem a ideias geradas por talentosos profissionais dentro da própria empresa?

A maioria das pessoas prefere imaginar que não julgam um livro pela capa e que são capazes de avaliar uma ideia baseadas apenas no seu mérito. Contudo, as pessoas consciente (ou inconscientemente) promovem ou desvalorizam as ideias de certos autores. O tipo de autor pelo qual ficamos particularmente interessadas era o *rival interno* – uma pessoa dentro da organização com a qual a outra a sentia como sua concorrente. Queríamos saber particularmente o nível de desperdício resultante da falta de conhecimento do repertório de ideias do rival.

Nós duas estávamos apaixonadas pelo tema de competição devido às nossas próprias experiências em esportes competitivos. Eu jogava tênis de competição ao longo do Ensino Médio e da faculdade. Leigh foi campeã nacional e internacional de ciclismo na categoria *masters*. Uma ideia-chave que inspirou essa pesquisa foi uma que aprendemos através de horas de prática: aperfeiçoar nossas habilidades competitivas não se trata apenas de fazer um ajuste fino de suas habilidades técnicas individuais ou até mesmo em simplesmente "pegar mais pesado". O caminho para aperfeiçoamento fundamental está em se expor e competir com competidores fortes que podem se dar melhor do que você, estar disposto a aceitar a dor de uma derrota e usar essas experiências para aprender e melhorar.

Consideremos a *superstar* do tênis Serena Williams. Muito embora ela não participasse de tantos torneios quanto outras jogadoras enquanto crescia, ela tinha a luxúria (e dor) diária de enfrentar uma jogadora mais velha e mais forte, sua irmã Venus, tendo que suportar várias derrotas duras enquanto desenvolvia sua técnica. Em nossa própria pesquisa, estudamos gestores que, de maneira similar, estavam cercados de talentos inegáveis dentro da empresa. A pergunta que fizemos a nós mesmas foi, em que momento eles aceitam esse talento e o usam para melhorar o próprio jogo e quando eles evitam aprender a partir dele?

Eu e Jeffrey Pfeffer observaram como os gestores refutavam as ideias de colegas talentosos em um estudo de caso da Fresh Choice, uma rede de bufê de saladas da costa oeste norte-americana que estava na moda.[5] Diante de um conceito antiquado e com suas ações em baixa nos anos 1990, seus gestores estavam de olho na pequena e excêntrica cadeia concorrente de Seattle chamada Zoopa. A Zoopa havia encontrado um *design* criativo e vivaz. Em vez da linha de saladas usual, ela criou um mercado de horticultores internacionais, com cozinhas abertas e máquinas de atendimento automáticas em "estações" de alimentação separadas, engajando energicamente os clientes. A Zoopa se tornou uma inspiração e a Fresh Choice adotou ideias de opções de menu, *design* do restaurante, práticas de RH e iniciativas de serviço para revigorar seu conceito. No final das contas, a Fresh Choice decidiu adquirir três dos quatro restaurantes por US$ 6 milhões em 1997. Tal ação não se tratava simplesmente de uma expansão dos ativos tangíveis e conseguir algumas receitas novas. A Fresh Choice queria adquirir o quadro de funcionários da Zoopa bem como criatividade, energia e conhecimento intangíveis que viriam com eles.

Porém, depois de uma breve lua de mel, os gestores da Fresh Choice começaram a desacreditar no modelo da Zoopa, que anteriormente admiraram abertamente. Os próprios gestores da Fresh Choice, que outrora o descreveram como "brilhante", "criativo" e "energético", agora o descreviam como "esgotado" e "descuidado". Quando os alto executivos da Zoopa deixaram a empresa, o capital intelectual e os bens intangíveis que a Fresh Choice tinha esperança de conquistar, simplesmente desapareceram. Após ter gasto milhões de dólares para adquirir o negócio e meses para integrar as duas companhias, a Fresh Choice ficou apenas com os ativos tangíveis. Em 2012, depois de algumas tentativas de pedido de falência, a Fresh Choice fechou os restaurantes que ainda restavam.

É certo que a Fresh Choice enfrentou uma série de desafios típicos após uma aquisição, porém também vimos que a Armadilha do Vencedor fez com que as pessoas desperdiçassem o conhecimento bem à sua frente. Paradoxalmente, parecia que era mais difícil aprender dos gestores da Zoopa uma vez que passaram da condição de concorrentes para colegas.

Para testar se as pessoas poderiam estar se sentindo particularmente ameaçadas pelas ideias de um outro profissional dentro da própria empresa, nós, juntamente ao Dr. Hoon Seok Choi, elaboramos um protocolo que nos permitisse examinar a inveja em termos de comportamento real. Primeiramente, solicitamos a uma série de gestores de diferentes empresas que pensassem em um rival dentro de sua própria organização ou um rival de uma empresa concorrente.[6] Em seguida, pedimos a eles para tomarem decisões hipotéticas de alto risco sobre uma ideia gerada por essa pessoa e se eles estavam desejosos em aprender a partir desse rival. Finalmente, perguntamos a eles quanto investiriam para aprender a partir das ideias do rival, tomando como base um orçamento de US$ 10.000.

Os resultados foram surpreendentes e nos levam a fazer uma reflexão. Gestores que acreditavam que a ideia era originária de um rival interno estavam menos interessados em aprender com essa pessoa e alocaram apenas US$ 1.700. Gestores que acreditavam que esta mesma ideia era originária de um rival externo, alocaram US$ 2.470. Ou seja, eles estavam dispostos a pagar 42% a mais para uma pessoa de fora com exatamente a mesma ideia!

Voltamos imediatamente nossa atenção para a questão do por que os gestores estavam menos interessados nas ideias do rival interno. Quando perguntamos aos participantes quanto de *status* eles perderiam ao adotarem as ideias, aqueles que consideraram as ideias do rival interno anteciparam uma perda 36% maior de *status* do que aqueles que aprenderam a partir das ideias de rivais externos. Em outras palavras, aprender do rival interno dava uma sensação de perda muito maior. Portanto, para evitar uma perda de *status*, eles preferiam espionar uma empresa concorrente a colaborar com um de seus próprios colegas. Estava em cena a Armadilha do Vencedor.

As descobertas também explicam por que os gestores poderiam ser tão receptivos a sinais indicados por consultores. Assim como os concorrentes, os consultores fazem parte de uma outra organização; assim eles não competem diretamente por oportunidades internas, tornando menos ameaçador afirmar o *expertise* deles. De fato, na nossa qualidade de consultoras, nos beneficiamos da tendência que as organizações e seus líderes tinham por informações vindas de fora. Algumas vezes é mais fácil colocar a mão no bolso do que sofrer críticas e ter o próprio ego atingido.

Portanto, como as pessoas podem se liberar da Armadilha do Vencedor sem perder seu lado competitivo? O primeiro segredo é os gestores serem claros quando a competição e a cooperação são valorizadas.

Discurso Ambíguo sobre a Cooperação e a Competição

As equipes se veem presas a congestionamentos de trânsito porque as faixas nas rodovias empresariais em geral não são claras. No trabalho de Tanya com os pesquisadores Oliver Sheldon e Adam Galinsky, ela constatou que as pessoas se sentem confusas e incomodadas quando têm que lidar com "aminimigos", isto é, pessoas que adotam uma linha de conduta dúbia, ora como um amigo ora como um inimigo.[7] De fato, há maiores chances de as pessoas evitarem concorrentes detestáveis que as cumprimentam, estabelecendo uma relação ambígua, do que aquelas que fazem um comentário insultante que claramente demarca a linha que as separa.[8]

Líderes e gestores também podem, sem querer, deixar obscuras essas linhas ao dizerem a seus funcionários para valorizarem a cooperação quando, de fato, acabam recompensando comportamentos competitivos. Para resolver a questão, pedimos a Sandeep para medir as diversas situações em que sua equipe operava como se estivesse em um jogo de soma zero, ou seja, encarando a vitória de um colega como sendo uma derrota pessoal. Durante uma reunião, contamos com que frequência as pessoas faziam alusão às ideias de seus pares e se basearam nelas – afirmações como: "conforme a Amy acaba de mencionar..." ou "tomando como base a ideia do Brian...". Descobrimos que os membros de grupos tendem a dar crédito àquelas ideias cujo proprietário poderia vir a ajudá-los no futuro. Durante o curso da reunião de 90 minutos, *todas* as afirmações de referência citavam alguém da mesma região geográfica, uma indicação de que as pessoas hesitavam em cruzar redutos e deixar que as ideias de uma outra equipe fossem validadas. Em outras empresas, observamos padrões diferentes, por exemplo, pessoas referindo-se apenas a seus colegas ocupando cargos elevados e deixando de construir e somar a ideias de colegas da mesma hierarquia ou abaixo dela.

Peça a um observador para participar de uma das reuniões de sua própria equipe para quantificar se as conversações giram em torno do estabelecimento de vencedores e perdedores e não da construção colaborativa. Para aprofundar ainda mais a observação para um nível micro, conte também rupturas nas conversas: quem foi interrompido? De quem as ideias foram apropriadas ou recicladas durante a conversa sem reconhecimento do autor original da ideia?

Ou acabaram tomando um rumo de "beco sem saída", isto é, as ideias não são desenvolvidas nem levadas adiante? E de quem são as ideias diretamente descartadas? Essa é uma maneira rápida de observar e quantificar uma dinâmica competitiva em vez de colaborativa à medida que as pessoas vão trocando ideias.

Ao mostrarmos os dados a Sandeep, ele ficou frustrado, dado o tempo gasto por ele enfatizando a colaboração e trabalho em equipe. Por que era tão difícil fazer com que as pessoas embarcassem nessa ideia?

Em seguida fizemos a Sandeep uma pergunta ainda mais difícil: a colaboração era de fato valorizada e recompensada? Quando lhe apresentamos os nomes das pessoas com tendência a falarem mais durante as reuniões e com maior probabilidade de apresentarem padrões conversacionais de divisão, Sandeep admitiu que esses indivíduos não eram apenas os chefes de seus respectivos grupos mas ele próprio havia dado a eles maior tempo para falar durante as reuniões, bem como maior atenção e poder no trabalho. Apesar de todo o discurso – na verdade, apenas da boca para fora –, o poder competitivo incentiva a falsa colaboração a todo o momento. Muito embora Sandeep tenha dito "cooperem", os incentivos não verbalizados indicavam "compitam".

A pesquisa de Tanya e Jeffrey Pfeffer revelou como as organizações colocam os gestores em apuros no que diz respeito a apreender a partir de seus pares. Quando executivos conduziram avaliações de desempenho hipotéticas com dois gerentes similares – um que havia aprendido a partir de informações de um concorrente externo e o outro de um concorrente interno –, foi atribuído ao primeiro 21% mais em termos de criatividade, 18% mais em competência e 17% como tendo se esforçado mais. Como resultado o primeiro teria 16% mais de chance de receber uma promoção e um bônus 35% maior.[9] Os incentivos encorajam as pessoas a buscarem ideias caras de concorrentes externos, que parecem mais criativos e engenhosos, em vez de aprenderem a partir de seus próprios colegas, o que dá uma impressão de falta de originalidade.

O pesquisador organizacional Steve Kerr denominou esse desalinhamento de "a insensatez de recompensar A enquanto alimenta esperanças em B".[10] Por exemplo, um gerente que dá mais valor à "assiduidade" do que à "produtividade" ou "qualidade", gasta dinheiro para financiar comportamento que está em desacordo com os verdadeiros objetivos da equipe. O gerente usa o tempo cara a cara com os funcionários sem a garantia de que eles serão mais produtivos nesse tempo. Ou talvez seja dito aos vendedores para se concentrarem no atendimento ao cliente quando, na verdade, a empresa gratifica apenas pelas vendas, levando a um comportamento altamente agressivo voltado a concretizar uma venda e que acaba desagradando o cliente. Não é de se surpreender que geralmente os funcionários trabalhem apenas naquilo que lhes gerará uma recompensa.

Ou considere, então, os cuidadosamente elaborados planos de incentivo, que são um padrão no mundo dos esportes de hoje. Eles parecem ser economia inteligente, alinhando o comportamento dos indivíduos a claras metas de desempenho. Apenas a título de exemplo, o ex-jogador da National Football League Terrell Owens (o "T.O."), premiado seis vezes com o Pro Bowl como o melhor *wide receiver* em 2010, assinou um contrato com o Cincinnati Bengals recebendo um salário-base de US$ 2 milhões mais US$ 2 milhões em incentivos pecuniários caso atingisse várias metas quantificadas. Se ele fizesse 60 *catches*, 900 jardas e 10 *touchdowns*, ele gozaria de um pagamento diário de nada mais, nada menos que US$ 333.333. Ele receberia outros US$ 333.333 caso conseguisse 100 *catches*, 1.300 jardas e 14 *touchdowns* por temporada.[11] Entretanto, embora poucos questionassem o talento pessoal de T.O. ou seus esforços, alguns questionavam se ele jogava para o time, se o famoso *receiver* que já se autopromovia precisava mesmo de qualquer incentivo adicional para focar em suas próprias estatísticas.

Muito embora pacotes de incentivo como esses tentem balancear cuidadosamente o desempenho individual com incentivos de equipes, tais receios são bem fundados. O ex-jogador da NFL, Dave Meggyesy, observa que os incentivos ainda são voltados para jogadores em pagamentos individuais em detrimento do sucesso de sua equipe:

> Deparei-me com o dilema se deveria ou não compartilhar [*insight* sobre um oponente] com outros *linebackers*. Os treinadores constantemente falam em espírito de equipe, porém eu sempre me perguntei como, oras, pode haver um espírito de equipe se eu sabia que, quanto mais os outros *linebackers* se ferrassem, mais liberdade eu teria para jogar, e quanto mais eu jogasse mais dinheiro eu ganharia. Os donos de equipes vivem elaborando contratos com cláusulas de desempenho [...] embora elas possam apenas operar no sentido de criar divisão no time [...].[12]

Os jogadores se distraem tanto ao tentarem atingir suas metas pessoais que acabam perdendo a visão do todo: conseguir uma vitória para o time.

Até mesmo uma linguagem sutil pode criar mensagens dúbias sobre o que é valorizado.[13] Por exemplo, anualmente as empresas americanas gastam US$ 14 bilhões em "treinamento de liderança" que normalmente faz com que as pessoas foquem em si mesmas e seu poder pessoal em vez de incentivá-las a perseguir o caminho da colaboração.[14] E *inovação* é uma palavra da moda quase que sacralizada nas organizações, nas quais o "inventor solitário" – normalmente, chamado de "Edison" ou "Einstein" – é sinônimo de gênio. Algumas organizações reconhecem e se esforçam para contra-atacar essas tendências. A British Petroleum (BP), por exemplo, agraciava com o título de "Ladrão do Ano" os gerentes que admitiam terem aproveitado boas ideias de seus pares.[15]

Muitos gestores e profissionais do mundo dos negócios enfrentam um cenário de microincentivos complexos – semelhantes àqueles dos astros da NFL – em que as tarefas são subdivididas e os funcionários perdem a visão do todo. Mesmo quando consultores de RH elaboram planos de incentivos que valorizam mais os resultados da equipe do que os resultados individuais, as responsabilidades da tarefa são complexas, sendo um verdadeiro desafio especificar cada aspecto do trabalho a ser feito. Portanto, em vez de fazer com que os funcionários tenham como foco "ganhar" a maior fatia do bônus comunitário, a questão é como criar uma equipe em que as pessoas estejam dispostas a colaborar. Para criar um campo onde os jogadores pensem além dos jogos de soma zero, uma das respostas está em permitir que as pessoas compitam, mas também criar diferentes caminhos para se chegar à vitória.

Indo Além das Comparações de Soma Zero

Os vencedores são extremamente sensíveis não apenas com o próprio desempenho, mas também ao desempenho de seus rivais.[16] Da mesma forma que Serena e Venus se inspiraram uma na outra, tais comparações podem motivar as pessoas a melhorar. Certas vezes, contudo, as pessoas não buscam uma "vitória" aprendendo e suplantando um adversário. Na Fresh Choice e na Zoopa, por exemplo, pelo contrário, elas eram tentadas a ignorar e a denegrir o adversário, deixando de aproveitar oportunidades para aprender e aperfeiçoar suas habilidades competitivas.[17] Queríamos encontrar uma forma de escapar dessa armadilha.

Percebemos uma relação crítica em nossos estudos: quanto mais ameaçadas e inseguras as pessoas se sentem, maior sua tendência a diminuir os méritos de colegas bem-sucedidos.[18] Isso nos permitiu criar situações únicas que iriam mitigar ameaças, de modo que as pessoas poderiam superar a inveja inicial e apreciar as realizações dos outros. Em uma investigação, pedimos aos participantes para avaliarem as ideias de seus rivais. Mas antes pedimos à metade dos participantes para enumerar algumas de suas realizações ou valores apreciados, para então pensarem no valor da lista, que era pessoalmente menos importante e, finalmente, escreverem duas ou três sentenças sobre por que esse valor poderia ser importante para eles.[19] Os participantes poderiam pensar em seus próprios talentos em arte, música, esporte e no trato social ou qualidades como beleza.

Pedimos também à outra metade dos participantes para enumerarem valores, mas, além disso, foi solicitado a eles explicar em detalhes por que esses valores poderiam ser importantes para *outra* pessoa. As realizações deles próprios não foram lembradas em momento algum. Portanto, o que aconteceu? Lembrar os gestores de suas próprias realizações permitiu a eles descobrirem seu "eu" mais generoso – de fato, eles alocaram 60% mais de tempo para aprender a partir das ideias de seus rivais do que o grupo que foi instruído a pensar apenas nos outros. Mesmo uns poucos minutos diários nesse exercício, multiplicados por mais de quinze pessoas em uma equipe, dá início a uma mudança para a cooperação. Conclusão: quando os gestores fazem o inventário de seus próprios talentos e pontos fortes, é mais provável que coloquem cada situação competitiva segundo uma perspectiva mais ampla e apreciem as contribuições dos outros.[20]

O estudo também sugere uma razão adicional para como os incentivos *pecuniários* podem acionar a Armadilha do Vencedor: a competição por dinheiro tende a ser um jogo de soma zero em que não existem oportunidades para o surgimento de vários ganhadores. Todo mundo quer uma parte do bolo, e um real para um significa, por definição, uma perda para todos os demais. Se for dada a possibilidade às pessoas de pensarem em outros tipos de recursos, isto também ajudará a criar um campo de jogo com várias formas para ganhar.

Não há dúvida nenhuma que o dinheiro assume um papel central na negociação e na remuneração; entretanto, as pessoas mostram um padrão duplo: elas partem do pressuposto que *os outros* são motivados pelo dinheiro e recompensas extrínsecas, enquanto *eles próprios* se veem motivados por objetivos mais nobres e intrínsecos, como, por exemplo, ter um trabalho significativo.[21] Esse padrão duplo pode destruir a maneira como os gestores desenham o campo de jogo. Ao reduzir as motivações dos outros apenas ao dinheiro, encorajamos uma corrida de soma zero no sentido de reivindicar a maior fatia possível do bolo – isso sem falar do gasto de uma quantia substancial com os próprios incentivos.

Outras Formas de Motivação

Para pensar de forma mais abrangente sobre quais recursos, além do dinheiro, podem motivar as pessoas, pense em diferentes tipos de recursos. *Recurso* é definido como qualquer coisa que pode ser transmitida de uma pessoa a outra, e o dinheiro é apenas um exemplo.[22] Entre outros recursos podemos citar o amor (por exemplo, afeição, boa vontade), serviços (cuidar de crianças, consultoria), bens (um carro ou uma joia), informações (conhecimentos sobre como realizar um trabalho) e *status* (reconhecimento por uma realização).

Portanto, se você convidar um colega de trabalho para jantar, ele poderia responder com amor ("será um prazer estar novamente com você"), serviços ("prepararei um jantar para você da próxima vez"), bens ("trouxe-lhe uma lembrança em nome de minha gratidão"), dinheiro ("tome US$ 40 para contribuir com o custo do jantar"), informações ("gostaria de lhe passar algumas informações sobre uma nova oportunidade no trabalho") ou *status* ("você é um grande líder dentro da empresa").[23]

Cada um dos seis recursos pode ser visto como simbólico *versus* concreto e genérico *versus* específico para uma pessoa. Dinheiro, bens e serviços representam trocas concretas, ao passo que amor, informações e *status* são mais simbólicos. Os recursos podem ser trocados de uma forma genérica – por exemplo, dinheiro pode ser trocado com qualquer um sem ser degradado – ou particular – por exemplo, amor é específico a uma pessoa.[24]

Na qualidade de gestor, é tentador concentrar-se no concreto e no genérico – dinheiro e recompensas materiais, deixando de lado o simbólico e o pessoal. Quando os gestores supervalorizam os recursos que são concretos e impessoais, como dinheiro e trocas materiais, eles subestimam recursos que são mais abstratos e personalizados como informações, redes de contatos e as relações sociais. O dinheiro tende a dominar todos os demais recursos, pois ele possibilita transações rápidas e pode ser reconhecido entre povos diferentes. Certamente dar dinheiro é muito mais fácil do que dedicar empatia ou boa vontade.

Recursos não monetários oferecem um poder único. Quando as pessoas dependem de trocas monetárias, as relações sociais são minadas. Colocado de forma simples, o dinheiro torna mais provável a situação de pessoas desempenhando e trabalhando sozinhas, a distância fisicamente umas das outras, evitando a possibilidade de ajudar ou ser ajudada.[25] Funcionários que recebem por hora também são menos felizes e mais impacientes em seu tempo de lazer pois é mais provável que igualem tempo a dinheiro.[26] E, quando estudantes de direito pegam os seus primeiros casos e são expostos à prática de cobrar por tempo, eles têm menor inclinação a serem voluntários.[27] Em todas essas descobertas, práticas organizacionais que comuniquem que "tempo é dinheiro" criam efeitos indiretos em outros espaços interpessoais.

Eis um exemplo que vem ao caso: conversamos com uma gerente que descreveu um programa de reconhecimento de colegas dentro de sua empresa chamado RAVE (*Recognizing and Valuing Employees*, ou seja, reconhecendo e valorizando os funcionários). Cada RAVE era uma nota de um funcionário reconhecendo o trabalho de outro e um vale-presente nominal – aquele que indicava poderia escolher um valor de US$ 5, US$ 10, US$ 15, US$ 20 ou US$ 25. Pelo fato das notas serem afixadas em um quadro de avisos bem no meio do escritório, a gerente observou: "tornou-se evidente, e de forma muito rápida, quem estava realizando um bom trabalho e quem não estava pelos repetidos RAVEs, e esta publicidade motivou os demais a trabalharem para conquistar RAVEs em vez da compensação monetária". As recompensas em dinheiro eram muito pequenas; portanto, os funcionários não viram o dinheiro como algo tão importante. De fato, argumentamos que um programa desses seria ainda mais poderoso caso oferecesse compensações relacionais, por exemplo, um almoço grátis juntos. Em outras empresas para as quais trabalhamos, entre as principais recompensas, tínhamos de ser escolhidos para participar de forças-tarefa estratégicas, investimentos no desenvolvimento profissional e oportunidades de *networking*. As formas de reconhecimento podem custar à companhia um certo investimento monetário, porém oferecem a seus funcionários um recurso que é muito mais significativo do que uma transação monetária.

TIRE O DINHEIRO DA MESA. O que aconteceria se você eliminasse de vez os incentivos monetários individuais? Não se tornariam eles simplesmente oportunistas? Quando Jay Porter, dono do *The Linkery Restaurant*, em San Diego, aplicou uma taxa de serviço de 18% (que era mais baixa do que a média dos outros restaurantes), descobriu uma resposta surpreendente. Sem o incentivo monetário, o nível de atendimento não caiu, pelo contrário, até aumentou![28]

De acordo com Porter, a forma de gratificação na verdade distraía seus funcionários da realização de suas tarefas. Teoricamente, tais incentivos monetários devem levar as pessoas a se concentrarem *mais* nos aspectos do trabalho que os gerentes estão recompensando — no caso, gratificações maiores deveriam incentivar os atendentes a serem mais atenciosos e eficientes. Porém, na realidade, os atendentes estavam sendo constantemente interrompidos pelo *feedback* da compensação em tempo real, isto é, o que eles estavam "ganhando" ou "perdendo", o que tirava a atenção deles em vez de focarem no atendimento em si. Imagine como você se sentiria caso seus clientes ou chefe o gratificasse logo após cada atendimento. Embora receber *feedback* seja importante para as pessoas, *feedback* em demasia, na verdade, cria um efeito de interferência.

Porter também observou que os clientes que se sentiam ofendidos pelo sistema de não gratificação temiam como eles poderiam punir um atendimento ruim, embora, obviamente, alegando que normalmente eles davam uma gorjeta maior do que os 18%. Apesar dos clientes terem recebido melhor tanto a comida como o atendimento, ainda assim se sentiam desconfortáveis. Porter lembrava-os de que eles ainda poderiam reclamar com a gerência caso alguma vez achassem que estivessem recebendo atendimento abaixo do padrão. O que eles haviam "perdido" era controle: o poder de usarem suas carteiras para darem gratificações e infligirem punições.

O senso de controle é exatamente o motivo para gestores que fazem uso de seu poder por meio de incentivos monetários dependem deles até mesmo quando são contraproducentes como sugerem nossos exemplos. Os gestores podem ter que ir prestar contas caso usem a força bruta para controlar seus funcionários. Muito embora o controle econômico na forma de gratificações, incentivos monetários e bônus possam ser manipulados de forma tão pesada, ele traz consigo o mais respeitável verniz da rigorosa análise econômica.

O ponto-chave desse exemplo *não* é o fato de as pessoas não quererem incentivos ou qualquer apoio para seus trabalhos. Eliminar incentivos funcionou pois Porter fez uso de recursos além do dinheiro. Além de oferecer a seus funcionários um salário maior garantido, ele também ofereceu a eles um trabalho de que gostavam e confiou na sua capacidade de realizá-lo sem sentirem-se controlados pelo poder da carteira.

MANTENHA O PROPÓSITO COMO PRIORIDADE. Embora a competição e os incentivos possam certamente motivar, o pesquisador organizacional Adam Grant ofereceu aos funcionários do *call center* de uma universidade algo mais que um ganho monetário.[29] Os funcionários estavam solicitando doações de ex-alunos, e, em vez de acrescentar uma outra métrica de desempenho ou concurso para vencer, Grant simplesmente pediu para os bolsistas visitarem o *call center* pelo menos uma vez. Um grupo de agentes ouviu os bolsistas descreverem como as doações haviam impactado suas vidas ao dar a eles a oportunidade de estudar. Essa intervenção não tem nada a ver com incentivos monetários – ela simplesmente possibilitou aos funcionários do *call center* verem que a tarefa por eles realizada tinha um propósito. Entretanto o "propósito" tinha implicações monetárias: os agentes aumentaram seu tempo médio de chamada em 142%, além de angariar 171% mais de fundos; ao passo que o grupo que não havia sido visitado pelos bolsistas não demonstrou nenhuma mudança. Os funcionários elevaram seu desempenho quando Grant preencheu as lacunas em termos de significado em vez de dinheiro.

Em cada um dos exemplos, as pessoas puderam competir e superar adversários sem sentir que o sucesso fosse dependente da falha de algum outro.

Arbitrando o Jogo

À medida que as pessoas negociam a colaboração com seus pares de equipe, elas algumas vezes também procuram vitórias alegando terem feito mais do que aquilo que realmente contribuíram. Portanto, certas vezes, as linhas de concorrência já se desenham *dentro* das equipes em vez de entre equipes, e surgem congestionamentos à medida que as pessoas contribuem visando interesses próprios em vez de cooperar sem segundas intenções.

Muito embora as pessoas tentem ser justas e razoáveis ao pensarem no que devem dar e receber, a pesquisa de Leigh com Max Bazerman e George Loewenstein mostrou como elas também demonstram *flagrante interesse próprio* e o próprio senso de direito a fazer algo delas influencia suas decisões.[30] Um exemplo de *flagrante interesse próprio* revelou-se quando os pesquisadores David Messick e Keith Sentis estudaram como dois grupos – um que trabalhava por longos períodos com produtividade moderada e outro que trabalhava períodos curtos porém com elevada produtividade – remuneravam a si mesmos. Ambos os grupos pagavam mais a si mesmos e menos ao outro grupo. Quando lhes foi solicitado justificarem suas decisões, o grupo de baixa produtividade enfatizou a elevada carga adicional de trabalho, ao passo que o grupo de alta produtividade focou naquilo que havia realizado.[31] Todos tinham um critério marcado por métricas próprias que atendiam aos seus interesses, sustentando o sentimento de direito, levando-os a ver como resultado "justo" aquele que desse a eles a maior parcela dos recursos.

Pedimos a Sandeep para mostrar claramente a seus dois subgrupos contenciosos o quanto estavam contribuindo para diferentes objetivos para a equipe como um todo. Enquanto prontamente focam naquilo que os outros *extraem* do grupo, geralmente são menos atentos à *contribuição* dada pelos outros.

Levemos isso para o nível pessoal. Suponha que seja solicitado, em separado, a você e à sua cara-metade estimar a porcentagem de tempo que cada um de vocês realiza tarefas domésticas: lavar a louça e a roupa, jogar o lixo fora, etc.

Quando pesquisadores solicitaram a casais para realizarem essas tarefas, descobriram que os totais frequentemente superavam os 100%. Isso, obviamente, não corresponde à realidade, a menos que os entrevistados estejam propensos a se verem como sendo responsáveis por uma carga significativamente maior de responsabilidades conjuntas no casamento.[32] A razão não é simplesmente o fato de as pessoas acreditarem que contribuem mais, mas, também, o fato de deixarem de reconhecer o esforço e as contribuições do outro. Os casais se lembram com detalhes vívidos de cada momento que gastam lavando pratos, mas não são capazes de se lembrar das vezes que o parceiro realizou a mesma tarefa.

Quando Sandeep começou a compartilhar mais informações sobre as contribuições feitas pelos diversos membros do grupo, eles começaram a ter um melhor entendimento da situação como um todo. Continuavam a puxar a sardinha para a sua brasa, mas eles eram mais realistas sobre suas próprias alegações, pois reconheciam melhor a contribuição dos outros. Além de compartilhar informações sobre contribuições, iremos explorar a seguir como usar sua equipe para policiar aqueles membros que buscam vitórias dando menos e usando mais.

Tornar Público versus Ocultar

Todo semestre nossos alunos de MBA reclamam sobre aqueles que pegam carona em seus grupos de projeto: pessoas que burlam o sistema, tentando desfrutar do sucesso de outros membros da equipe e contribuindo o mínimo possível. De fato, pegar carona é o problema de gestão mais comumente relatado que ouvimos em relação a grupos, equipes e comitês. Felizmente, há uma estratégia que pode ser implementada para refrear os caronas em suas equipes.

Maria era engenheira-chefe liderando uma equipe de programadores. Sua equipe era capaz de cumprir os prazos, porém o código entregue era cheio de erros. Ela nos contou: "tenho que pegar os erros, apontá-los e então lidar com os egos deles quando se colocam na defensiva. Eu não tenho tempo nem paciência para isso. Não quero ficar controlando-os demais (microgestão) e gostaria, antes de tudo, de ter contratado as pessoas de forma mais cuidadosa".

Enquanto pensava no apuro em que se encontrava, várias soluções complexas e caras lhe vieram à mente. Seu primeiro impulso era o de gerir de forma mais cerrada seus subordinados e contratar pessoal mais experiente e cuidadoso (e, consequentemente, mais caro). Outra alternativa seria investir em treinamento de modo que seus programadores pudessem gerar códigos mais limpos. Ou, então, ela poderia contratar outros gerentes para ajudá-la a policiar a equipe. Outra possibilidade ainda seria contratar um consultor para analisar o trabalho deles e reorganizá-lo. Todas essas soluções exigiam dinheiro, tempo e reorganizações estressantes.

À medida que fomos observando Maria e sua equipe, soubemos que ela havia tornado público os prazos dados à sua equipe, o que os motiva a entregarem seu trabalho dentro do prazo. Contudo, ela avaliou cada membro de forma privada e dava a eles o *feedback* crítico a portas fechadas.

À primeira vista parece ser uma atitude certa, seguindo os preceitos da boa administração de elogiar em público e punir de forma privada. Mas, ao seguir tal prática, Maria deixou de utilizar um valioso recurso da influência social: o poder da publicidade. Para ativar o poder da publicidade, comece a discutir publicamente as responsabilidades da equipe e peça a cada membro para concordar com as obrigações na frente de outras pessoas. Pessoas que assumem um compromisso ou promessa em público certamente se sentem mais responsáveis e passíveis de punição e o levam adiante. Elas se comprometeram a um *contrato psicológico*, motivo pelo qual em geral as pessoas acreditam que apertos de mão e acordos verbais são tão vinculativos quanto contratos por escrito.[33] E quando estações de rádio anunciam os nomes de pessoas que fizeram promessas durante uma arrecadação de fundos (seja, por exemplo, para fins de caridade ou políticos), isso tornará mais difícil àquele que fez a promessa deixar de cumpri-la. Mas nem é preciso anunciar os nomes de pessoas à sociedade em geral para fazer com que elas se sintam passíveis de cobrança. Trabalhando em conjunto com a pesquisadora Catherine Shea, Tanya constatou que quando as pessoas simplesmente escrevem os nomes de pessoas próximas a elas é menos provável que mintam, burlem ou adotem um comportamento antissocial.[34] Em outras palavras, o simples fato de pensar em um grupo ao qual você se sente passível de ser responsabilizado irá fazer com que você se comporte de uma maneira socialmente responsável.

Aconselhamos Maria a apontar os holofotes "sociais" sobre os caronas, criando situações em público em que o trabalho de cada indivíduo pudesse ser identificado ao do grupo. Por exemplo, poderia envolver um evento em grupo para verificação de possíveis erros, de modo que o grupo inteiro verificaria em tempo real se o código falha e, mais ainda, qual parte do código falhou. De modo alternativo, os programadores poderiam checar o código de outros e vice-versa. Essas técnicas também permitiram a Maria parar de perder tempo como uma microgestora isolada, fazendo com que a própria equipe se policiasse. Depois das mudanças terem sido implementadas, um dos programadores disse: "todos da equipe tinham pavor de poder ser aquele cujo código não estava pronto ou que tinha falhado".

Isso posto, o poder da publicidade não precisa envolver execração pública.[35] Em última instância, Maria transformou o evento público de verificação de código em uma celebração para o cumprimento do prazo. Mesmo nesse ambiente menos formal, todo mundo queria fazer o melhor e se dar bem diante dos demais colegas. Maria utilizou o ego das pessoas, o desejo de serem respeitadas por seu trabalho, para transformá-los em melhores membros de equipe.[36]

Vimos como a Armadilha do Vencedor surge quando profissionais não estão comprometidos com os objetivos da equipe. Em vez de andarem juntos no sentido de um objetivo comum, os caronas tiram proveito do sistema reivindicando mais para si e contribuindo menos do que poderiam para o grupo. Vejamos agora como a Armadilha do Vencedor leva as pessoas a se comprometerem em demasia com ideias que não estão funcionando.

Jogo Encerrado

Certas vezes os gestores se fixam em ideias falsas e, por estarem acostumados a serem vencedores, se recusam a abandoná-las e a aceitar a derrota. Eles continuam a jogar o jogo e a investir recursos em ideias ruins, aumentando o comprometimento com elas e impedindo que recursos fluam para ideias melhores.

Recordemos Chris, o candidato a uma vaga de fala macia do Capítulo 2 que foi contratado baseado em seu brilhante desempenho durante a entrevista, ainda que ele não fosse adequado para a vaga. Embora a Armadilha do *Expertise* tenha feito com que ele fosse contratado, a Armadilha do Vencedor entrou em cena assim que evidências de seu fraco desempenho começaram a surgir. Em vez de cortar suas perdas e aceitar custos irrecuperáveis, o chefe de Chris o enviou a cursos de treinamento caríssimos. O custo de treinamento adicional não poderia resolver a raiz do problema, ou seja, que Chris não era qualificado para desempenhar a função. Foi apenas depois de Chris ter perdido um contrato de US$ 3 milhões para a empresa que seus superiores admitiram ter cometido um erro. À medida que eles lidavam com as consequências negativas desse erro, reduzindo os poderes de Chris, este último passa a se irritar com seus subordinados e, ocasionalmente, degenerando-se em violentas discussões. Diversos membros importantes da equipe encontraram oportunidades alternativas e os demais que trabalhavam para ele simplesmente esperavam (e torciam) para que ele fosse mandado embora. Depois de Chris ter sido finalmente despedido, um funcionário quantificou os danos causados: "Chris recebeu salários e benefícios por dois anos e meio e muitos homens-horas foram desperdiçados seja lidando com ele, consertando suas besteiras ou simplesmente discutindo a seu respeito".

Esporadicamente, Chris parecia até estar progredindo, o que podia justificar a estratégia de investir nele. Entretanto, não era fácil se chegar a um acordo sobre o fato de eles não terem escolhido uma estrela. Era psicologicamente mais fácil gastar tempo, dinheiro e recursos seguindo em frente na esperança de corrigirem o problema do que admitir que haviam cometido um erro.

Mas aqui também as formigas têm algo a nos ensinar. Os cientistas descobriram que as que se deparam com bloqueios respondem diferentemente de seres humanos presos na Armadilha do Vencedor. Para examinar a abordagem delas, os cientistas criaram duas "autoestradas" que levavam a um monte de açúcar e criaram congestionamento em uma delas. Em vez de competirem entre si, as formigas cooperavam umas com as outras: toda vez que uma pista estivesse congestionada, as formigas rapidamente direcionavam as outras para a pista menos usada.[37] O abarrotamento ia se desfazendo de forma contínua. Consequentemente as formigas fazem duas coisas que aqueles que caem na Armadilha do Vencedor não fazem. Primeiramente, elas são generosas: as formigas na pista mais rápida sinalizavam imediatamente suas colegas e dividiam com elas suas informações recém-descobertas. E, em segundo lugar, as outras formigas rapidamente reconheciam seus próprios erros. As formigas da pista congestionada não desperdiçavam tempo em passar para a pista que estava fluindo mais rápido. Embora impacientes com aquelas que se deslocavam mais devagar por estarem transportando comida, elas não racionalizavam pacientemente com o próprio erro insistindo em um caminho congestionado. Por menores que sejam as formigas e por mais simples que seja o sistema nervoso delas, as regras de decisão por elas adotadas lhes permitem ver a situação como um todo de uma forma que seres humanos presos na Armadilha do Vencedor normalmente não conseguem.

Diferentemente das formigas, uma vez que um ser humano se compromete a uma linha de ação, normalmente ele fica preso a ela e não quer voltar atrás.[38] Em vez de ter a coragem de aceitar os custos irrecuperáveis, atualizar seu conhecimento anterior (incorreto) e renunciar ao projeto tão logo torne-se evidente a falha, em geral as pessoas empregam "correções rápidas" que oferecem alívio imediato, porém, no final das contas, custam à empresa significativamente mais em termos de tempo e dinheiro.

Para escapar da variante da Armadilha do Vencedor, a habilidade crucial reside em desistir, abandonar e ser capaz de dizer "jogo encerrado!", exatamente aquilo que os vencedores foram condicionados a *não* fazer. Líderes altamente eficazes são, por convenção, persistentes e otimistas – qualidades que normalmente os capacita a orientar projetos até sua finalização bem-sucedida. Mas essas qualidades também levam os gestores a sentirem que são obrigados a defender um projeto até o seu final, mesmo que ele não esteja atendendo aos padrões. O que torna ainda mais difícil abandonar uma meta é o fato de as pessoas também saberem que suas vidas dentro das organizações dependem da manter vivos seus projetos. Se uma de suas decisões for tachada de perdedora em vez de vencedora, elas podem ser despedidas ou perder uma promoção ou o direito a um bônus.

Felizmente, há maneiras de ajudar a si próprio bem como os membros de sua equipe a se desprender de prejuízos e, no final, emergir como vencedores, mesmo tendo de admitir um erro. Consideremos três estratégias específicas que ajudam a treinar "vencedores" a serem "desistentes" melhores, isto é, admitir perdas e liberar-se da ocasional decisão ruim, em vez de se afundar cada vez mais.

TRAGA NOVAS FORMAS DE VER. O psicólogo Barry Staw desafiou as pessoas com uma decisão de investimento que sob qualquer aspecto parecia ruim. O fator de complicação era que já havia dinheiro investido. Deveriam eles interromper o financiamento e aceitar uma perda certa ou continuar investindo? Staw constatou que os gestores que haviam feito o investimento inicial (ruim) eram os que mais provavelmente continuariam a jogar dinheiro fora. A solução? Pedir opinião externa. É justamente o fato de patrocinadores de um produto terem um interesse pessoal no projeto que implica em eles não serem objetivados. Portanto, avaliadores independentes podem avaliar o projeto em vários estágios.[39] Diferentemente do patrocinador, o consultor externo pode ver a situação como um todo e não se sente preso a agravar a situação a cada etapa. O avaliador independente não tem que ser um caro consultor externo. Ele poderia ser uma pessoa de dentro da própria empresa e escolhida de forma apolítica e mutuamente acordada ou até mesmo um grupo anônimo de avaliadores que poderia estimar o potencial do projeto sem sentir-se pressionado pela política da situação.

Quando os pesquisadores organizacionais Hirotaka Takeuchi e Ikujiro Nonaka observaram empresas como Toyota, Honda e Fuji, eles desenvolveram uma abordagem iterativa ao desenvolvimento de produto em que as equipes de *software* conseguem se adaptar a demandas em constante mudança por parte dos interessados.[40] Uma parte crítica de seu processo ágil envolve *revisões em "tiros curtos"*, fazendo a demonstração do produto em vários estágios críticos para as partes interessadas, usuários e outros gerentes de projeto que podem testar se o produto está atendendo ou não os seus objetivos em estágios específicos. Embora certamente haja oportunidades em que um projeto precisa ser isolado das críticas e que seja dado um tempo de incubação, a abertura de testes e revisões pode ajudar a garantir o progresso do projeto.

PREMIE A EXATIDÃO, NÃO O OTIMISMO. Durante as revisões em "tiros curtos", o segredo é premiar a exatidão, não o otimismo, a persistência autoilusória e a coragem de assumir riscos.[41] Isso é feito instituindo-se protocolos claros em que as pessoas fazem previsões e acompanham o seu andamento. Uma ótima prática é haver concordância no "DoD" (*definition of done*, ou seja, definição do que é estar feito ou pronto), que faz com que as pessoas foquem em marcos claramente mensuráveis em comparação a avaliações que podem ser influenciadas por crenças naquilo que se deseja (prognósticos irrealizáveis), como, por exemplo, "já estamos com 65% pronto". Mesmo que sua equipe não esteja desenvolvendo *software*, os princípios instilam disciplina, pois nos forçam a definir antecipadamente o que é mensurável e a identificar pontos de decisão em que o projeto poderia ser encerrado caso os resultados não estejam atendendo às expectativas.

DÊ A SEUS PROJETOS MORTOS AS POMPAS FÚNEBRES. A ideia de aprender a partir do erro não é nenhuma novidade para a maioria dos gestores. Contudo, ainda vemos empresas celebrando projetos bem-sucedidos, enquanto discretamente engavetam projetos "mortos", de modo a existirem na memória da empresa apenas como piadas ou histórias com fundo moral.

Como exemplo, consideremos o computador Stretch da IBM.[42] Stephen Dunwell, patrocinador da máquina, de forma otimista prometia um computador que seria 100 vezes mais rápido do que as máquinas existentes. Sua velocidade real era apenas 30 vezes mais rápida. Quando o presidente da IBM Thomas Watson Jr. viu o protótipo, ele imediatamente o declarou como um fracasso. Foram vendidas apenas nove máquinas, foi aplicado um desconto significativo ao preço do produto devido ao seu insucesso para atender às promessas feitas a seu respeito e a companhia teve que arcar com um prejuízo de US$ 20 milhões. Dunwell foi demitido, e o patrocinador do projeto tornou-se um perdedor. Porém, com o passar do tempo, as linhas que dividem o sucesso do fracasso tornaram-se tênues. Muitos dos recursos de engenharia do Stretch estavam presentes na maior parte dos computadores bem-sucedidos da IBM, entre os quais a memória *pre-fetch*, proteção de memória e interrupções controladas por programação que possibilitavam um ambiente multitarefa e detecção de erros baseados em *hardware*. Dunwell recebeu posteriormente o título de *fellow* (uma das mais altas honrarias da IBM) pelas suas contribuições e Watson pediu desculpas por menosprezar suas realizações.

Ao identificar projetos que precisam ser parados, é fácil focar onde as coisas deram errado. Mas reconhecer os sucessos do esforço pode ajudar a combater a Armadilha do Vencedor. Para tirar o estigma do insucesso, aqueles que contribuíram com o projeto poderiam avaliar o que funcionou e o que não, em vez de tachá-lo de um completo fracasso.

Por exemplo, altos executivos da Etsy suspeitavam que equipes e gerentes poderiam cair na Armadilha do Vencedor se a empresa condecorasse apenas ideias bem-sucedidas. Portanto, a Etsy instituiu o prêmio "O Melhor Fracasso do Ano". Ao estabelecer um "orçamento para fracassos", a empresa deu um recado aos funcionários que o insucesso é parte natural da experimentação e que eles poderiam tirar proveito disso. Algumas perguntas para aprendizagem seriam: quais são os desafios neste projeto? O que você teria feito de diferente olhando para o passado? Que tipo de conhecimento você poderia aplicar em projetos futuros? Que conhecimento processual você poderia aplicar em projetos futuros? Existem outros departamentos da empresa que poderiam achar útil estas informações?

Mesmo quando projetos são bem-sucedidos, avalie-os de forma crítica, procurando assim oportunidades perdidas para melhoria, quase perdas e oportunidades afortunadas que permitiram a eles evitar o fracasso e áreas para melhoria de processos. Pesquisadores estudando funcionários da NASA documentaram a tendência de tratar quase perdas como sucessos em vez de fracassos, o que provocara a perda de oportunidades de aprendizado importantes.[43] Essas estratégias também possibilitam que os líderes flexibilizem o conceito de *vencedor* e *perdedor* e desloquem o foco da equipe para o aprendizado.

Conclusão

Os vencedores estão acostumados a serem os melhores e a receberem o máximo. A abordagem competitiva deles os impulsiona a serem criativos e únicos e a chegarem ao topo em várias situações, mas ela também cria desperdício significativo já que as pessoas perdem oportunidades para aprender e colaborar com outras. Descrevemos várias situações que podem acionar a chave competitiva do vencedor: o desafio de aceitar alguém que saiba mais do que ele; a tentação de contribuir menos e extrair o máximo das equipes; e a tendência de evitar aceitar o prejuízo causado por ideias fracassadas. Ao levar uma forma de pensar competitiva para essas situações, as pessoas criam congestionamentos de trânsito no trabalho em que concorrem por atenção e recursos em vez de colaborarem e evitarem situações ameaçadoras e melhorar o desempenho.

Também consideramos estratégias que dão oportunidade aos gestores de desbloquearem com sucesso os congestionamentos. Certas vezes as equipes ficam presas a situações competitivas em que a vitória para um significa a derrota para outros. Para ir além dos incentivos de soma zero que fazem com que as pessoas foquem tanto nas metas individuais quanto monetárias, os gestores podem colocar outros recursos em jogo que poderiam aumentar o tamanho do bolo: ao reconhecer erros e tornar públicas informações ou por meio de oportunidades internas. Quando as pessoas levam para dentro da equipe seu espírito competitivo, os gestores têm de usar a equipe como árbitros. Isso pode canalizar tendências inatas das pessoas de impressionar os demais no sentido de geração de valor em vez da produção do desperdício. Finalmente, os vencedores devem aprender a ser "desistentes" nos momentos certos e os gestores devem claramente dizer: "jogo encerrado!". Admitir uma derrota não é sinal de fraqueza, mas, sim, uma oportunidade de aprender a partir da experiência e traduzir o conhecimento adquirido em um novo esforço inovador.

Escapar da Armadilha do Vencedor não diz respeito a deixar piamente de lado interesses próprios, senão a canalizar instintos competitivos e gerir o terreno competitivo de modo que as pessoas joguem em caminhos mais largos, porém com limites claramente marcados. No Capítulo 4, iremos considerar como pessoas que apresentam uma inclinação exagerada na direção oposta, isto é, se preocupam em demasia com os interesses dos outros, também podem perder o sinal.

CAPÍTULO 4

A Armadilha da Concordância

Em 2007, o Rhode Island Hospital, prestigiado hospital-escola da Brown University, realizou três intervenções cirúrgicas cerebrais no lado errado, uma taxa de "perda" terrivelmente alarmante. Em dois destes pacientes, os médicos cortaram o lado errado do crânio e, no terceiro caso, o médico parou depois de ter cortado o couro cabeludo do paciente. Felizmente os erros não mataram nem lesaram de forma permanente os pacientes. Porém há várias histórias de pacientes em outros hospitais que não tiverem a mesma sorte. Por exemplo, pacientes tiveram a perna errada amputada e um inglês que tinha programado uma intervenção simples foi submetido a uma acidental vasectomia.[1]

Na medicina, tais incidentes são conhecidos como *eventos adversos graves*, pois eles jamais deveriam acontecer. Os sinais devem ser de alta intensidade, claros e óbvios. Mesmo assim as pessoas os perdem e isto acontece com bastante frequência. Estima-se, por exemplo, que nos Estados Unidos ocorram cerca de 40 cirurgias realizadas do lado errado por semana. Um quarto dos cirurgiões-ortopedistas tem grandes chances de cometerem um erro de lado em algum momento de suas carreiras.[2]

Investigações sobre o que deu errado no Rhode Island Hospital revelaram que os problemas se deveram à dinâmica de grupo na sala operatória. Em um destes incidentes, o médico-residente-chefe da neurocirurgia e a enfermeira estabeleceram com antecedência o lado correto do crânio, porém, quando o cirurgião marcou e cortou o lado errado, eles ficaram calados. Em outro caso, a enfermeira se manifestou, perguntando, de forma consentida, ao cirurgião por que ele não havia confirmado o local da cirurgia. Quando o cirurgião disse a ela que ele sabia qual era o lado certo, ela perguntou a ele se ele tinha certeza. Ele respondeu que sim e ela não o pressionou mais no seguimento do procedimento nem afirmou diretamente que ele estava errado. O que se deu foi que o cirurgião continuou cortando do lado errado.[3]

Este tipo de autocensura não se restringe à sala operatória. Quando funcionários se comunicam com seus superiores em uma organização, não é nada incomum eles deixarem de lado seus próprios pontos de vista. Seja por acreditarem na experiência de seu superior em comparação à sua própria, por quererem manter a paz em nome da equipe ou simplesmente para evitar embaraços, estas situações podem provocar mais danos do que ajuda. Além disso, a instituição (o hospital, neste caso), fica sujeita a multas altíssimas, processos por imperícia na prática da medicina e novas exigências de relatórios além de perda da boa reputação. O Rhode Island Hospital foi multado em US$ 150.000, tendo também que instalar câmeras de vídeo nas salas operatórias.[4]

O Custo do Silêncio

Em um contexto organizacional, os eventos adversos graves se referem a situações que *a posteriori* são superfáceis de serem resolvidas. Como tal, eles parecem bem distantes dos problemas atrozes que desafiam limites cognitivos. A complexidade dessas situações não reside na descoberta de uma solução mirabolante, mas, sim, em ter a coragem para simplesmente *articulá*-la. Muitas vezes as pessoas permanecem em silêncio e evitam enviar sinais vitais pois expressá-los e tomar medidas envolve um custo social.[5]

Por exemplo, os gestores podem elogiar, manter e até mesmo promover funcionários abaixo do rendimento esperado em vez de claramente dizer a eles fatos e coisas negativas. Os subordinados podem deixar de falar quando um superior está prestes a cometer um erro, bem como não alertar seus superiores sobre uma situação emergencial. Consequentemente, ocorre ação sem pulso, pois as pessoas não estão dispostas a chegar ao âmago da questão. O grupo acaba monitorando o ruído em vez dos sinais o que pode resultar em consequências potencialmente catastróficas.

Diferentemente do paciente que acorda para se dar conta que o membro errado foi extirpado, os eventos adversos graves no mundo gerencial podem passar despercebidos por meses ou anos, pois o dano e a perda talvez não sejam imediatamente óbvios. Por exemplo, em 2015, a Volkswagen foi pega equipando seus motores a diesel com um *software* que poderia "enganar" o teste de emissão de gases. Observadores ficaram pasmos com o fato de ninguém ter alertado já que o desenvolvimento desses motores havia começado dez anos antes.[6] O esquema foi descoberto apenas quando um grupo antipoluição, ironicamente, na esperança de provar que o diesel poderia ser usado de forma a não poluir muito, testou efetivamente os motores.[7]

Contudo, da mesma forma que um grave erro médico, os eventos adversos graves gerenciais podem resultar em trágicas perdas de vida. Chaves de ignição defeituosas da General Motors (GM) foram associadas a mais de 300 mortes. Um relatório de inquérito de 325 páginas ajudou a explicar a ausência de pessoas que denunciassem o fato. Um inspetor de segurança da GM disse aos investigadores que teve medo de falar sobre suas preocupações após ter visto seu antecessor "ter sido demitido por ter feito exatamente isto".[8] Consequentemente, a empresa teve que fazer um *recall* de 30 milhões de veículos e pagar US$ 900 milhões ao governo americano para parar uma investigação criminal sobre o incidente.[9]

Toda vez que uma pessoa com conhecimento ou de posse de informações e ideias se autocensura e deixa de lado suas preocupações válidas por medo de se colocarem de forma antagônica diante de seus colegas e superiores ou de perderem apoio e/ou promoções dentro da empresa, elas caíram na Armadilha da Concordância. Quando presas na Armadilha da Concordância, elas deixam de transmitir o sinal de alto valor ou então o distorcem.

Certamente expressar uma opinião de desacordo não é sinônimo de se estar correto e, certamente, advogados do diabo autointitulados podem impedir a formação de um consenso. Mas, se uma organização não estimula e muito menos tolera pontos de vista controversos, ela está mordendo a isca da Armadilha da Concordância. Escapar desta armadilha não significa simplesmente mentir ao se declarar aberto a ideias. De fato, muito embora jamais tenhamos ouvido algum gestor dizer abertamente que são contrários ao diálogo aberto e que procuram promover aqueles que apenas dizem amém, os funcionários deles podem ter uma percepção bem diferente. Dados de pesquisa indicam que apenas 29% dos supervisores de nível mais baixo se sentem encorajados a expressarem sua opinião e que 70% dos empregados sentem medo de expressá--la.[10] Por que existe tamanha distância entre o que os gestores dizem e como seus subordinados os interpretam? É fácil defender o diálogo aberto quando por acaso se concorda com aquilo que está sendo dito. Porém, na prática, abrir espaço para aqueles que discordam acaba sendo um processo desconfortável e muito mais complicado. De fato, conflitos sobre o que fazer podem rapidamente se transformar em conflitos pessoais minando, consequentemente, as relações sociais e o desempenho da equipe.[11]

Para compreender e solucionar tais desafios, é preciso olhar o que está por trás de tudo (ir além dos valores promovidos pelos gestores de diálogo aberto) e partir para as normas não verbalizadas em grupos e equipes. São os *contratos psicológicos* mencionados no Capítulo 3, as normas não expressas verbalmente, mas aderidas e mutuamente acordadas do comportamento corporativista, que acontece quando as pessoas se relacionam no trabalho.[12]

Com mais frequência do que se imagina, os contratos psicológicos governam formas benignas e gentis de colegiado como comemorar aniversários ou fazer favores uns para os outros. Diferentemente dos gerentes que caem na Armadilha do Vencedor, aqueles capturados pela Armadilha da Concordância não se motivam na busca de uma vitória pessoal. Esses, na verdade, têm compaixão excessiva pelos outros e demonstram empatia pelos problemas dos colegas.[13] Jogam em equipe sem deteriorar o espírito de grupo buscando não levantar preocupações e questões controversas. Eles dão crédito aos outros e se comprometem com negociações. Eles adotam o lema "todos por um e um por todos", pois instigar um conflito poderia ameaçar o contrato psicológico implícito.

Ocasionalmente, porém, o contrato psicológico pressiona os gestores a fazerem vista grossa a dados ou à autocensura diante de potencial conflito. Quando existem problemas sérios como nos casos da GM e da Volkswagen, e as pessoas permanecem em silêncio em vez de alertar o problema para o grupo, a empresa parte direto para uma decisão "lata de lixo" ou então para um evento adverso grave. Pesquisadores organizacionais identificaram cinco razões usadas pelas pessoas para explicarem a si mesmas por que alertar seria arriscado, inapropriado e, quem sabe, até antiético. As citações abaixo de gestores de uma grande empresa revelam as desculpas que as pessoas usam para justificar seu silêncio e preservarem o contrato psicológico:[14]

- "As pessoas se prendem muito a seus projetos; seus projetos se tornam parte da própria imagem e de sua autoestima de modo que não é aceitável questioná-las". Em outras palavras, não fale pois sugestões são críticas pessoais e, portanto, ofensivas.

- "Existe aquele sentimento, aquela crença de que se deve ir extremamente preparado (a fóruns onde se é permitido expressar opiniões); que se deve cobrir todos os aspectos, não ficar em uma posição difícil, não chegar a qualquer conclusão sem antes ter sua comprovação". Em outras palavras, não fale nada a menos que esteja 100% certo de que está correto.

- "Meu chefe veria isto (falando ao próprio chefe) como insubordinação, tirando-lhe a autoridade". Ou seja, não fale pois isso ultrapassaria a hierarquia estabelecida.

- "Os gestores detestam ser colocados na fogueira diante de terceiros. É melhor informá-los primeiro, um a um, para que o chefe não pareça mal na frente do grupo". Em outras palavras, não fale em público ou você envergonhará alguém.

- "Que vantagem eu levo em me levantar e colocar uma questão legítima ou quem sabe desafiá-los em relação a algo? Nenhuma, a não ser me rebaixar". Ou "se eu discordar, talvez eles possam guardar rancor (como, por exemplo, em nossa reunião para fazer um balanço do ano que passou, eles poderiam querer colocar defeito em tudo)". Em outras palavras, não se manifeste pois você corre o risco de ser retaliado.

Cada uma destas justificativas faz com que as organizações desperdicem um verdadeiro tesouro de sinais críticos em plena luz do dia. Mas o problema de falar e enviar o sinal é o fato deste ser um exercício que não conduz a nada na ação sem pulso (e suicídio profissional) se a organização não tem o seu suporte.

Este capítulo trata sobre como obter um equilíbrio entre trabalho de equipe e o colegiado com a necessidade de se manifestar e discordar em situações importantes, isto é, garantir que os sinais significativos sejam comunicados de forma forte e clara (e, na realidade, amplificada) à medida que se enfrente problemas. Introduzimos métodos através dos quais as organizações e seus gestores e líderes possam confrontar outros e libertarem-se, bem como seus subordinados, da Armadilha da Concordância e os custos nelas implicados.

Consideremos algumas das situações mais comuns em que emerge a Armadilha da Concordância. Tão difícil quanto enfrentar um superior, o mesmo acontece quando as pessoas se veem presas à Armadilha da Concordância diante de seus subordinados, suavizando seus comentários e que não levam a resultados. É mais fácil elogiá-los do que iniciar uma discussão deliberada sobre seus pontos fracos e, certamente, é mais provável que os gestores teçam comentários mais "duros" (sem censura e mais verdadeiros) ao falarem com um pesquisador em relação ao mesmo comentário feito diretamente à pessoa envolvida.[15] Assim como as pessoas pisam em ovos ao falarem sobre questões de diversidade, elas também resistem se comunicar com seus colaboradores mais próximos (as mesmas pessoas que deveriam fazê-las se sentir mais à vontade). Concluímos descrevendo algumas das melhores práticas que possibilitam às pessoas entrarem em um conflito produtivo. Mais especificamente, discutimos maneiras para se desenvolverem negociações diretas, corajosas e estratégicas, podendo até mesmo suscitar conflitos, sobre questões de trabalho, mitigando, ao mesmo tempo, aspectos não produtivos de conflito interpessoal.[16]

A Ilusão do Ego Frágil

Alexis é uma advogada solteira de trinta e cinco anos de idade e que atua em São Francisco. Muitas vezes ela acha que o seu cartão de visitas é uma barreira para a conversação. Assim diz ela ironicamente: "fui orientada por pais bem intencionados: 'não fale sobre trabalho quando estiver tendo um relacionamento, não converse sobre assuntos complexos e é ruim ganhar tanto dinheiro pois os rapazes poderão ficar com medo de você'. E a palavra 'intimidar' era a que eu mais ouvia".[17] Alexis cai em uma categoria conhecida como SWANS (*strong women achievers, no spouse*, ou seja, mulheres bem-sucedidas profissionalmente não arranjam marido). A maior parte das SWANS pesquisadas acredita que o sucesso acadêmico e profissional delas diminui suas chances de se casarem. Para evitar esse "castigo do sucesso", muitas delas fingem serem burras, pois assim teriam menos chances de assustar seus pretendentes.[18]

Entretanto, não são apenas as SWANS que passam por burras por temerem intimidar os outros. Por exemplo, homens e mulheres que frequentaram uma das universidades da Ivy League, quando lhes é perguntado qual universidade frequentaram, algumas vezes dizem "fui para uma universidade em Boston". Eles não querem lançar a bomba H ou revelar que estudaram em Harvard que assustaria, assim pensam eles, os pretendentes.[19] Portanto, eles tentam disfarçar o fato, algumas vezes com um jogo geográfico de 20 perguntas, pressupondo que esta conversa mais longa e intrincada seja a abordagem humana.

Ilusão do ego frágil é a crença que os outros se sentirão ofendidos ou bravos caso descubram nosso elevado nível e quanto conquistamos e, portanto, poupamos a eles o embaraço e o aborrecimento minimizando nossas realizações e adotando uma postura modesta.[20] A ilusão do ego frágil é uma manifestação da Armadilha da Concordância – as pessoas "abaixam o volume" pois querem que os outros gostem delas em suas relações sociais e, portanto, agem de modo a parecer menos intimidadoras.

Para a maioria isso soa inofensivo e uma demonstração de consideração, mas o problema é que não somos os únicos a tentar blindar os outros de nossa "grandeza". Os demais estão nos tratando da mesma forma e o resultado é uma espécie de ignorância pluralística organizacional: ninguém realmente sabe o que o outro pensa pois todos os sinais ficam perdidos no ruído. Pessoas que caem na Armadilha da Concordância ficam tão ansiosas em estreitar as relações com os outros que acabam deixando de lado seus próprios interesses, quem sabe evitando problemas empresariais críticos.[21]

Assim como a pergunta "qual faculdade você cursou?", as pessoas travam conversas intrincadas em que raramente discordam umas das outras ou então deixam de expressar suas opiniões abertamente. Em nossas observações de reuniões empresariais, notamos frequentemente conversas em que os indivíduos não objetavam as ideias, mas as matavam com um frio comentário: "é, John, isto é bom mesmo..." ou "poxa, Cindy, você realmente teve uma boa ideia neste caso". E, então, as ideias iriam silenciosamente ser jogadas na lata de lixo sem qualquer explicação. Ao pisar em ovos no que tange o sentimento alheio, a Armadilha da Concordância faz com que os indivíduos travem conversas intrincadas e com comunicação indireta que apenas alguém com doutorado em linguística conseguiria traduzir, perdendo o tempo de todo mundo no processo.

O Duplo Padrão do Ego Frágil

Em nossa pesquisa, descobrimos um duplo padrão no que tange à resiliência do ego. Especificamente, embora os indivíduos muitas vezes descrevam o ego de uma outra pessoa como delicado, eles se referem ao próprio ego como se fossem feito de aço – por exemplo, "sou tão insensível, adoro críticas", "cada fracasso contribui para o meu próprio crescimento", "sempre procuro estar cercado por pessoas mais inteligentes do que eu". Ao pesquisarmos estudantes do curso de MBA realizando trabalhos em grupos de projeto, observamos o mesmo padrão: assumir que os outros se sentem 46% mais intimidados pelos seus próprios talentos do que se sentirem intimidados por terceiros. Há 48% mais de chances de eles minimizarem os próprios pontos fortes ao tratarem com uma pessoa que eles imaginam tê-lo percebido como uma ameaça, e quanto eles mais inferiam ser uma ameaça ao outro, mais minimizavam seus pontos fortes.[22]

Exploramos os medos dos gestores intimidadores, que os outros, possivelmente, sentiam inveja, simplesmente pela sua presença. Esse fenômeno veio à tona em nossas aulas, nas quais nossos alunos muitas vezes descreviam como ter de lidar com chefes que se sentiam ameaçados por eles no trabalho. Uma MBA recém-formada confessou que, pelo fato de ela ser a mais jovem do grupo e também a líder, os outros se sentiam ressentidos, e ela se sentia presa a uma armadilha. Entretanto, quando questionamos os mais experientes da equipe, eles disseram que não se sentiam minimamente intimidados e não achavam que a idade dela fosse um problema. Nossa pesquisa sobre inveja e ameaça, descrita no Capítulo 3, indica que esses sentimentos frequentemente são bem reais. Mas e se pensarmos que essas crenças perniciosas são meramente produto de nossa imaginação?

Iniciamos, então, um programa de levantamento de opiniões para estudar essa questão. Em um dos estudos colocamos alunos tanto no papel de chefe quanto de subordinado em uma conversação de confrontação. Demos a dica a alguns estudantes de que os chefes poderiam estar se sentindo ameaçados pelos talentos e habilidades deles (estudantes) quando, de fato, o chefe na realidade não tinha informação alguma sobre as capacidades dos estudantes subordinados. Aqueles que partiram do pressuposto que seus próprios talentos poderiam se constituir em uma ameaça, suscitaram reações menos favoráveis por parte do chefe. Muito embora as pessoas raramente expressem de maneira explícita estas percepções de ameaça – por exemplo, "entendo que você se sinta intimidado por minha inteligência e beleza" –, entre colegas isso é claramente percebido. Quanto mais ameaçados os indivíduos supõem que outros estejam, menos querem estes últimos interagir com os primeiros. Mesmo quando os indivíduos deliberadamente diminuem a importância de seus próprios talentos, os demais o percebem como promotores de si mesmos – dadas as pressuposições condescendentes que estão por trás de seus atos – "eu sei que é muito difícil para você lidar com minha grande inteligência; portanto, vou dar uma importância menor a ela para não ofendê-lo". Eles não eram odiados por serem inteligentes, bonitos ou, então, por terem frequentado ótimas faculdades, mas, sim, por estarem tratando-os com condescendência em vez de simplesmente serem diretos e objetivos.

Consideremos três casos mais específicos em que surge a Armadilha da Concordância e que leva a sinais fracos e distorcidos em vez de uma comunicação clara: contatos com subordinados, pessoas de etnia diversa e com pessoas de relação mais próxima.

Feedback Insatisfatório e Distorcido aos Subordinados

Certamente, é muito difícil contradizer o chefe. Mas lidar com um subordinado não tão capaz é muito mais fácil, não é mesmo? Bem, consideremos um acontecimento que um executivo nos confidenciou que para nós, à primeira vista, seria praticamente impossível acreditar. Laura era uma competente assistente administrativa em diversas áreas, mas estava deixando a desejar naquilo que indubitavelmente seria a principal responsabilidade de uma assistente: atender telefonemas. Ela continuaria sentada e simplesmente deixaria o telefone tocar. Tratava-se de um comportamento inexplicável. Embora seus superiores tivessem ideia, inicialmente, de fazer o contrário, ou seja, achando que a solução seria corrigir o erro dela, o que na verdade acabavam fazendo era usar métodos indiretos de dar feedback a ela, como e-mails genéricos enviados a todos os assistentes administrativos, embora o objetivo fosse, obviamente, ser direcionado a ela. Como era de se esperar, tais e-mails não surtiram nenhum efeito. No decorrer de três semanas, ninguém se deu ao trabalho de falar diretamente com ela.

A princípio, esse pequeno problema comportamental parecia gerar apenas custos irrelevantes. Mas até mesmo um conflito trivial como esse pode rapidamente custar à organização centenas de milhares de dólares entre a ineficiência de não pegar os recados, potencial perda de negócios, tempo perdido e pessoal desanimado. Se pessoas com baixo desempenho não são alertadas sobre tal, o comportamento delas se torna uma norma socialmente aceita, transformando-se em uma persistente armadilha de gastos.

Quando finalmente um dos gerentes falou diretamente com Laura, perguntando-lhe «o motivo» por trás do comportamento dela, este foi prontamente revelado: no final das contas, foi constatado que ela tinha fobia de germes e que para ela, supostamente, o telefone era sujo. Como resultado desta única conversa direta, o gerente substituiu o aparelho dela por um aparelho telefônico auricular (e que, portanto, ela não teria que tocar as mãos), resolvendo assim o problema.

Por mais incrível que essa história possa parecer, trata-se apenas de um dos muitos eventos adversos graves que executivos nos confidenciaram sobre indivíduos no trabalho que foram elogiados em vez de serem informados de forma direta sobre algum problema e que são mantidos e até promovidos mesmo tendo deixado de atender certas expectativas de desempenho da função. Normalmente se diz «tudo bem», mas isso não está bem, muito menos é justo sob o ponto de vista de funcionários de alto desempenho que, essencialmente, carregam nas costas os incompetentes.

Pisando em Ovos no Que Diz Respeito à Diversidade

Muitas vezes a Armadilha da Concordância surge no que diz respeito à diversidade. De fato, a diversidade se tornou um assunto tão delicado que pode ser arriscado até mesmo fazer perguntas sobre ela. Consideremos Randall, um gerente de RH, que solicitou dados para analisar se um grande investimento de tempo e dinheiro que a empresa fez em um novo programa de diversidade estava efetivamente produzindo resultados. "Eu simplesmente estava querendo entender o que estávamos obtendo desse investimento", disse ele, "porém, tornou-se uma questão delicada. Imagino que algumas pessoas acharam que eu era contra esse programa ou, quem sabe, pensassem coisas ainda piores". Muitos gestores não estão certos se é ou não apropriado, portanto, eles simplesmente não falam da questão. Consequência disto é que os benefícios tangíveis de tais iniciativas e programas de treinamento muitas vezes não são medidos.[23]

Como as pessoas podem se sentir mais à vontade ao travarem conversas diretas, mesmo em relação a questões delicadas como raça e gênero? O pesquisador Evan Apfelbaum observou as evasivas no que tange ao tema raça quando fez alunos brancos e afro-americanos interagirem através de um jogo *Eu espiono*, em que a tarefa era identificar rostos. Sujeitos brancos eram colocados lado a lado com afro-americanos (que se encontravam no estudo) para examinar como os participantes de cor branca lidavam com o tema raça em uma conversa. Neste experimento foram mostradas a eles vinte fotos de rostos enquanto suas contrapartes escolhiam uma "foto-alvo". A tarefa dos sujeitos brancos era identificar quem era a pessoa escolhida ("alvo") fazendo o menor número de perguntas possível. Os rostos variavam em termos de gênero, raça, tipo de cabelo, expressão facial e assim por diante. Muito embora os participantes brancos do teste tivessem direito a fazer qualquer pergunta para rapidamente irem reduzindo as possibilidades, a maioria deles evitava fazer perguntas sobre raça, mesmo isso podendo levar a descobrir a resposta de forma mais rápida. As pessoas pisavam em ovos fazendo uma série de perguntas para evitar tocar no assunto raça, pois elas ficavam petrificadas, com medo de serem interpretadas como racistas ou como querendo ofender a outra pessoa.

O resultado dessa comunicação "daltônica" foi que a entrevista foi pouco natural, estranha e improdutiva, e do outro lado os alunos afro-americanos a consideraram enfadonha e até mesmo condescendente. Por outro lado, quando um estudante branco simplesmente perguntou "a pessoa em questão é afro--americana?" em vez de agir como se raça fosse um tabu ou algo passível de punição, a tensão diminuiu, o problema foi solucionado e as conversas fluíram muito mais naturalmente.[24] Os alunos envolvidos na verdade gostaram, se respeitaram e tornaram-se mais ligados entre si.

Para se sentir à vontade nestas discussões potencialmente sensíveis, uma técnica-chave é acionar o contrato social *implícito*, isto é, as pressuposições feitas pelos indivíduos sobre o que devem fazer como "bons membros de equipe" e o que devem esperar dos demais, em um contrato *explícito*. Para eliminar a ambiguidade em relação ao que as pessoas esperam umas das outras, discuta sobre o processo do grupo antes de o trabalho em equipe começar, de modo que seus membros possam esclarecer seus objetivos e a melhor forma de trabalhar em conjunto. No Capítulo 6, falaremos mais sobre como criar este tecido conectivo entre os membros de uma equipe, mas essa discussão é extremamente importante em situações em que as pessoas são diversas e, portanto, provavelmente com pressuposições distintas sobre como trabalhar em grupo.

Em segundo lugar, em vez de jogar os problemas para debaixo do tapete e fazer o papel de "daltônico", construa um histórico de ações justas e respeitosas para pavimentar o terreno para conversas mais confrontadoras.[25] Tendo já investido na construção de confiança, uma frase com palavras mal colocadas terá menos chances de ser automaticamente interpretada como "racista" e de lhe ser dado o benefício da dúvida e de, muito provavelmente, ser resolvida abertamente. Por exemplo, em vez de "comprarem" suas credenciais de diversidade com a realização de caros eventos de *networking* e programas de treinamento, os alto executivos de uma dada empresa arrumaram tempo ao longo de seus percursos profissionais para se reunirem e almoçarem juntos com diversos possíveis talentos a serem contratados de faculdades de todo o país. Muito embora a empresa estivesse localizada em uma área remota com falta de diversidade, o gesto mais sutil (e barato) reconheceu seus diversos clientes e funcionários e transmitiu a boa vontade deles de aprender.

A Armadilha da Concordância em Relações Próximas

Nada surpreendente o fato de as pessoas tomarem muito cuidado na comunicação gerente-subordinado ou quando estão trabalhando com pessoas de raças e gêneros diferentes. E, portanto, pareceria que a Armadilha da Concordância seria evitada ao negociar com pessoas que lhe são próximas, seja ele um amigo, um colega do trabalho ou não. Porém a Armadilha da Concordância pode ser particularmente dispendiosa nas relações mais próximas pois as pessoas evitam o conflito para manterem a paz. E, normalmente, justificam o desperdício como uma "dádiva", um "martírio" ou "se sujeitando pela equipe".

Um exemplo perfeito de um resultado entre amigos próximos em que todos saem perdendo devido à Armadilha da Concordância pode ser encontrado na história *O Presente dos Magos*, de O. Henry.[26] Na história, um marido e sua mulher sacrificam, cada um, sua possessão mais preciosa para comprar um presente que eles acreditam que irá agradar o outro. Obviamente, eles não discutiram a questão antecipadamente: a esposa cortou seu precioso cabelo para comprar uma correntinha para o tão apreciado relógio do marido; ao passo que este vendeu este mesmo relógio para comprar uma cara fivela de cabelo. Neste processo, ambos saíram perdendo: a mulher não precisava mais da fivela e o marido não precisava mais da corrente para pendurar o relógio. Interpretando a história com romantismo docemente melancólico, poder-se-ia dizer: "veja o quanto eles se conhecem! Veja o que eles sacrificaram em nome do amor!". Já, sob a ótica do desperdício, essa história diz respeito à falta de comunicação do casal. Caso tivessem manifestados seus anseios e necessidades, eles poderiam ter chegado a um acordo em que todos sairiam ganhando em vez de fazerem sacrifícios à toa que os levaram a um acordo em que ambos saíram perdendo.

Ineficiências como essa podem surgir justamente por as pessoas terem uma relação próxima. De fato, um estudo constatou que casais de namorados negociavam tratos *piores* do que quando se tratava de estranhos. Eles não queriam ficar tentando interminavelmente chegar a um acordo ótimo; portanto, eles se contentavam com a fruta mais próxima prestes a cair – uma opção "suficientemente boa" com a qual ambos poderiam relutantemente concordar, mesmo se ela não deixasse feliz nenhum dos dois.[27] Desperdiçar valor em negociações é simplesmente mais fácil do que afetar negativamente a relação. E, embora pessoas que adotam uma abordagem envolvendo a relação pessoal às negociações criem resultados econômicos ineficazes, elas se sentem satisfeitas com o relacionamento.[28] Mas, depois de "se sujeitarem em nome da equipe", muitas vezes elas se dão conta que poderiam ter produzido um resultado muito mais satisfatório caso tivessem se sentido mais à vontade para pressionar um pouco mais a outra pessoa.

Verificar os pressupostos nesse contexto é especialmente importante pois as pessoas que são mais próximas entre si (amigos de longa data, cônjuges e colegas de equipe) estão sujeitos a falarem uns com os outros de forma indireta. Um provérbio chinês descreve as formas cuidadosas através das quais as pessoas deveriam transmitir informações negativas em casos de uma relação mais próxima, alertando: "não espante uma mosca da testa de um amigo usando uma machadinha". O problema é que o discurso indireto pode levar à distorção do sinal. No exemplo a seguir, em que uma mulher está tentando dar uma ordem ao seu marido, cada sentença representa uma série de coisas que ela poderia dizer. Cada uma delas é progressivamente cada vez menos direta e, consequentemente, requer um maior grau de processamento mental por parte do receptor:[29]

1. Feche a porta.
2. Você pode fechar a porta?
3. Você poderia fechar a porta?
4. Poderia ser útil fechar a porta.
5. Você se importaria caso lhe pedisse para fechar a porta?
6. Você se esqueceu da porta?
7. Que tal um pouco menos de vento?

8. Eu realmente não quero que os gatos saiam da casa.

Quanto mais indireto for o pedido, maior a chance de o marido (se ele não estiver em estado de grande atenção) perder a metamensagem final. O resultado é uma argumentação desnecessária. Eis um exemplo organizacional em que um *feedback* cada vez mais indireto distorce o sinal, mascarando uma crítica e transformando-a em um elogio:

1. Você teve um desempenho ruim neste projeto.
2. Suas contribuições deixaram de atender nossas expectativas neste projeto.
3. Seria útil saber por que você está tendo tanta dificuldade em contribuir com este projeto.
4. Você pode nos dizer o que achou de desafiador neste projeto?
5. Gostaria de entender o seu ponto de vista em relação a este projeto.
6. Sua colaboração neste projeto seria muito valiosa.

Se mensagens ambíguas forem direcionadas a alguém que não as entende, acontece a distorção de sinal. A esposa imagina estar sendo clara ao falar dos gatos, mas ela fez todo um rodeio que força o marido a queimar sete etapas inferenciais a mais caso tivesse simplesmente dito a ele "feche a porta!".

Escapar da Armadilha da Concordância diz respeito a sentir-se confortável em experimentar o que uma pessoa realmente quer e saber disso sem fazer hipóteses e perder valor em conflitos interpessoais. Considere os seguintes comportamentos específicos para fugir da Armadilha da Concordância.

Encontre o seu Negociador Interno

A maior parte das pessoas acha as negociações estressantes e desconfortáveis. De fato, a própria palavra negociação pode ser uma barreira à conversação. Muitos gestores nem usam a palavra; em vez disso, dizem que estão "dando um jeito nas coisas". Negociação, que normalmente se associa a ser insistente, agressivo e exigente, em geral, não faz parte do contrato social implícito das pessoas com seus colegas.[30] Entretanto, encontramos uma maneira de ajudar as pessoas a se sentirem mais à vontade com tais conversações e repensarem seus pressupostos implícitos. Dizemos a elas que, toda vez que não conseguirem obter aquilo que desejam sem a cooperação de terceiros, elas estão negociando. Pouco tempo depois, elas começam a se dar conta que estão negociando o tempo todo.

Há duas categorias principais de negociação. Negociações *com script* incluem atividades como comprar um carro ou negociar o salário com uma pessoa a ser contratada. A maioria das negociações, contudo, não têm um *script* pronto tais como pensar em quem irá buscar as crianças, quem irá preparar o jantar ou, no trabalho, quem visitará o cliente. Cada uma destas negociações encobertas revela um momento em que as pessoas que foram capturadas pela Armadilha do Vencedor clamam valor para si próprias e aquelas presas à Armadilha da Concordância tendendo a deixar para lá. A questão não é transformar cada interação em um doloroso processo de regateio, mas, sim, reformular ideias preconcebidas sobre o contrato social de modo que as pessoas possam buscar conversações que levem à criação de valor.

Vá Além do "Boazinha"

Certas pessoas caem na Armadilha da Concordância por serem tachadas pelos outros de "boazinha"; para os outros, são as expectativas associadas ao seu gênero. Particularmente para as mulheres, a "delicadeza" cria Armadilhas da Concordância no ambiente de trabalho. Estudos revelam que à medida que os ambientes se tornam mais competitivos, o desempenho masculino aumenta enquanto o feminino não.[31] E, enquanto os homens recebiam um "dividendo por sua discordância", isto é, seus salários eram maiores quanto menos cooperativos, gentis e condescendentes fossem, esta característica era revertida em muito menos para as mulheres.[32] Isso porque as mulheres esperam (e sofrem) resistência quando se mostram agressivas e competitivas.[33] Mulheres pressionadas para as estratégias de "boazinha" podem perder milhares de dólares, tanto em termos de valores que poderiam ter beneficiado as organizações quanto de promoções e bônus que poderiam ter angariado para si.

Gênero à parte, a razão para o ato de capitular e fazer concessões em cada uma dessas interações não ajudar nas relações é o fato de se estar em relações de longa data com pessoas que têm memória curta. O que significa que a concessão que se oferece hoje pode ser apreciada neste momento, porém as pessoas rapidamente se esquecem dos favores que devem, embora tendo excelente memória no caso contrário, ou seja, os favores que lhes são devidos.[34]

Mas existem formas de fugir desses padrões de capitulação:

ENFRENTE O SEU PRÓPRIO ESTEREÓTIPO. Em vez de ver o estereótipo como bagagem que lhe deixa para trás, use-o para se inspirar a lutar contra ele. Leigh e os pesquisadores Adam Galinsky e Laura Kray conduziram uma investigação para mostrar como isso funciona.[35] Eles lembraram algumas mulheres do dócil estereótipo feminino imediatamente antes de uma negociação que envolvia mais de um gênero; outras não foram relembradas do fato. Resultado? As mulheres que haviam conscientemente pensado no estereótipo reagiram contra ele e negociaram de forma mais dura, como se estivessem dizendo: "não sou daquele tipo de mulher boboca". Isso sugere que se as mulheres (ou outras pessoas que são consideradas "boazinhas" demais) quiserem evitar a Armadilha da Concordância, elas devem reconhecer os seus próprios estereótipos negativos e, em seguida, tomarem medidas ativas para provar que eles estão errados. Caso você seja um homem que foi apanhado na gaiola do "bonzinho", simplesmente lembre a si mesmo de ser rotulado de "molenga" para se inspirar a provar que isso está errado!

FAÇA O "BONZINHO" TRABALHAR A SEU FAVOR. Independentemente de você ser homem ou mulher, é possível tirar proveito do estereótipo do "bonzinho". Para as mulheres, trata-se da *figura materna protetora.*[36] Quando negociadoras se imaginam negociando em nome de suas equipes (como uma espécie de "mamãe ursa"), elas se dão tão bem quanto os homens. Homens que não se sentem à vontade pedindo recursos para si mesmo também podem usar essa estratégia. Eles simplesmente podem moldar seus pedidos como um meio para beneficiar a equipe ("neste caso eu realmente tenho que pressionar, pois se minha equipe não receber estes recursos, não seremos capazes de primar neste projeto") ou as pessoas a quem estão atendendo ("compreendo que esta seja uma solicitação aparentemente exagerada, mas sem ela não seremos capazes de atender às expectativas do cliente"). Para indivíduos presos em uma camisa de força de identidade de "bonzinho", negociar para o grupo permite a eles encontrar seu negociador durão interno.

Seja Estratégico, Não Comedido

No que diz respeito a negociações, a maioria dos indivíduos acredita ter que optar entre ser durão ou, então, um molenga. Ao optar por uma abordagem dura ou branda, eles perdem a alternativa em que todos saem ganhando: seja um negociador estratégico – duro no problema, mas respeitoso com as pessoas.[37]

Como pensar como um negociador estratégico? Muito embora a empatia supostamente seja uma coisa boa na administração de conflitos, negociadores que sentem empatia pela outra parte são, na verdade, menos efetivos do que aqueles que simplesmente adotam a perspectiva da outra parte.[38] Empatia é imaginar como seria se colocar no papel de seu parceiro de negociação. Por outro lado, a adoção de perspectiva é simplesmente reconhecer os interesses da outra parte.

A escritora Gloria Steinem conta um caso, que ela denomina "pergunte à tartaruga", que ilustra essa diferença. Na época em que era estudante de geologia, ela estava realizando um trabalho de campo quando descobriu uma tartaruga gigante que havia saído do rio caminhando lentamente e parecia estar se debatendo em um lamaçal à beira de uma estrada. Ela rebocou a furiosa tartaruga-víbora conseguindo, finalmente, devolvê-la ao rio. Naquele momento seu professor observou: "você sabia que esta tartaruga provavelmente levou um mês se arrastando por este caminho imundo para depositar seus ovos neste lamaçal à beira da estrada e você acaba de devolvê-la ao rio?". Apesar da empatia pelo animal, ela errou ao não entender a motivação instintiva da tartaruga.[39]

De fato, negociadores a quem se diz para imaginarem o que a outra parte está *pensando* alcançam resultados melhores do que aqueles a quem se diz para imaginarem o que a outra parte está *sentindo*. Quando os indivíduos sentem empatia por seus adversários, passam a se preocupar com eles e a absorver toda sua carga emocional. Porém pensar por meio da posição e do ponto de vista do adversário, os indivíduos se tornam mais estratégicos em vez de agirem a partir de pressuposições sem base.

Em sua pesquisa sobre negociação, Leigh formulou três estratégias que ajudam os negociadores a "perguntar à tartaruga" de modo a evitar tais pressuposições e a negociarem o valor máximo mesmo com pessoas mais próximas:[40]

- Determine suas prioridades: simplesmente perguntar "quais são os meus problemas mais importantes?" antes de uma negociação pode prepará-lo a tirar total proveito do valor à disposição de todos. Essa questão dá uma partida rápida na sua capacidade de pensar como negociador. Uma vez identificado aquilo que é mais importante, você poderá pensar sobre o que é menos importante e estar pronto para abrir mão disso para conseguir aquilo que realmente lhe interessa.

- Mostre (parte) da sua mão: sinalizar seletivamente suas questões mais importantes para a outra parte pode ajudá-lo a evitar fazer conjecturas desperdiçadoras. Ao se comunicar com honestidade estratégica, a outra parte aprende como negociar com você. E ela também terá abertura para expressar suas preferências.

- Trabalhe com várias opções: Formule vários "pacotes" de negociação que sejam essencialmente de igual valor para você. Apresente três ou mais dessas propostas para as demais partes e peça a elas para escolher. Caso rejeitem todas, simplesmente pergunte a eles qual é a *menos* ofensiva. A resposta deles irá indicar aquilo que eles valorizam. Essa estratégia é uma poderosa ferramenta para negociação com amigos em particular. Ao fazer várias propostas de valor equivalente ao mesmo tempo e permitir ao amigo escolher o que é melhor, é possível trocar sinais claros e não distorcidos sem fazer conjecturas e concessões desnecessárias.[41]

Independentemente de você estar ou não envolvido em uma negociação contenciosa com um fornecedor ou uma discussão aparentemente desapaixonada com colegas que você conhece há anos, elas encorajam a outra parte a sinalizar seus próprios interesses. De fato, segundo nossas investigações, indivíduos que revelaram abertamente seus próprios interesses aumentaram em 10% seus próprios resultados.[42]

Mestre na Arte do Feedback

Consideremos agora uma situação em que, em vez de negociação, você está dando *feedback* a um funcionário. Os gestores sabem que a partir do momento em que começam a tecer críticas, em geral, os subordinados começam a jogar na defensiva, procurando racionalizar o criticismo como irrelevante ou injusto (por exemplo, "ele está me criticando porque se sente ameaçado pelo meu talento" ou "obviamente, ele está descontente com o meu trabalho porque está sendo tendencioso"). Tais respostas os impede de internalizar *feedback* importante e faz com que os gestores temam (e até mesmo evitem) o processo de dar *feedback*.

Controle o "por quê" no Feedback

Uma técnica para evitar esse jogar na defensiva é explicar antecipada e claramente porque você está dando o feedback em vez de possibilitar que o funcionário impeça sua mensagem por meio do controle do por que. Experimente um prefácio honesto na próxima vez que críticas negativas serão abordadas, com algo como: "Laura, é difícil eu lhe dizer isso e seria mais fácil para mim ignorar o fato de seu telefone tocar e você não me atender. Porém a razão para querer falar com você é por eu me preocupar com você e desejar o seu sucesso". Em seguida, teça o seu comentário crítico. Ao deixar o subordinado ciente da razão principal (e o estímulo) para estar recebendo aquela crítica (a qual atende o próprio interesse do subordinado), ajuda o feedback a romper essa armadura defensiva. Não se trata de um ataque pessoal do qual ele precisa se esquivar – você está lá para ajudá-lo a ter um melhor desempenho.

Uma razão para os protocolos terem a capacidade de serem tão efetivos é o fato de eles controlarem o "por quê". Uma enfermeira seguindo um protocolo não está checando para questionar a incompetência do médico, mas, sim, porque esse é o procedimento normal.

Porém, os protocolos são efetivos apenas se forem seguidos. Protocolos que foram implementados há anos podem falhar na mitigação de incidentes contraproducentes, pois as pessoas não gostam de seguir protocolos e partem do pressuposto que são suficientemente cuidadosas sem eles. E ainda pode ser difícil para os subordinados darem seus pareceres quando estiverem se dirigindo a alguém superior na escala hierárquica. Além de criarem uma cultura de segurança sem exceções (por exemplo, monitoramento consistente e suspensão por deixar de seguir protocolos), outras intervenções ajudaram a "nivelar o gradiente de autoridade", possibilitando às pessoas que tipicamente não teriam o *status* suficiente naquele ambiente a se sentirem mais à vontade para questionar decisões e tomarem atitudes de enfrentamento.[43] Por exemplo, o St. Francis Medical Center em Hartford, Connecticut, recentemente implementou uma política através da qual médicos, enfermeiros e técnicos tratam uns aos outros pelo prenome.[44] Como outro exemplo, a Mayo Clinic instituiu uma regra "mais um", significando que cada enfermeiro pode colocar mais uma pessoa para iniciar uma conversa mais dura, como confrontar um médico superior.[45] Essas intervenções ajudaram a criar ambientes em que as pessoas se sentiriam mais à vontade para se expressar e interromper eventos adversos graves em seu curso.

Envie o Sinal e Deixe-o Claro

Além de evitarem completamente darem *feedback* a seus subordinados, muitas vezes ouvimos gerentes amenizarem suas mensagens negativas amortecendo-as dentro do assim chamado "sanduíche de elogios": elogiar alguém para suavizar a mensagem, em seguida criticar para depois elogiá-lo novamente. Infelizmente, isso raramente supera o jogo defensivo de um funcionário: os elogios parecem insinceros e o *feedback* negativo pode ser abafado até chegar ao ponto da ineficácia. De modo a ter certeza de que a sua mensagem está chegando ao destino pretendido, descarte o modelo sanduíche e, em seu lugar, sirva primeiramente os "vegetais", e a "sobremesa", mais tarde. O psicólogo Robert Cialdini prescreve o uso da mensagem negativa para chamar a atenção e, em seguida, a mensagem positiva para moldar a solução.[46] Considere as duas versões da mesma mensagem a seguir:

> Laura, você tem sido um dos membros mais cuidadosos da equipe por vários anos e gostaríamos que continuasse assim. Porém, nos foi alertado que você não tem atendido ao telefone. Precisamos conversar a respeito disso pois você está correndo o risco de perder o emprego.
>
> Laura, precisamos conversar, porque você está correndo o risco de perder o emprego. Chegou até nós a informação que você não tem atendido o telefone. Você tem sido um dos membros mais cuidadosos da equipe por vários anos e gostaríamos que isso continuasse assim. Vamos discutir como corrigir essa questão.

Expressar a primeira mensagem é muito mais fácil. A linguagem positiva é a que se destaca, é muito mais gentil e você imagina (e assim espera) que o seu interlocutor compreenda a questão. Porém, na verdade, pode ser que ele não entenda. Sua mensagem "gentil" mascara a gravidade da situação. Pesquisas sobre a tendência à negatividade indicam que as informações negativas chamam muito mais a atenção do que as informações positivas e abrem uma oportunidade para chamar a atenção e alertar as pessoas.[47]

O problema com a mensagem negativa isolada é que, embora ela chame a atenção, não consegue moldar a conduta. Se você disser a uma criança o que ela não deve fazer (por exemplo, "não coma porcaria"), você não disse claramente a ela o que ela deveria estar fazendo (por exemplo, "coma a cenoura e o espinafre"). É aí que entra em ação as medidas de ação positiva. No caso de Laura, depois do choque da mensagem negativa, pode-se mudar para a mensagem positiva articulando as medidas para a ação positiva: "atender o telefone é uma de suas principais atribuições. Caso não consiga fazê-lo, você está correndo o risco de perder sua credibilidade e o seu emprego também. Vamos discutir algumas ações de modo a você poder retomar o rumo e cumprir suas atribuições").

Junte-se ao Time do Debate

As estratégias anteriores dizem respeito a se sentir à vontade em conversas diretas e na abordagem da discordância. Porém levemos tais estratégias um passo adiante. Além de superar o medo do conflito, experimente *propositadamente encorajar* o conflito.

A pesquisadora Kathy Phillips observa que a diversidade torna mais fortes as pessoas. Eis como isso funciona. Grupos verdadeiramente diversos experimentam interações mais dolorosas, isto é, "desconforto, interações mais ásperas, falta de confiança, uma maior percepção dos conflitos interpessoais, menos comunicação, menos coesão, maior preocupação com o desrespeito e outros problemas".[48] Kathy revisou décadas de pesquisas constatando que empresas com maior diversidade racial e de gênero apresentavam melhor desempenho. E, pesquisas de Tanya sobre *joint ventures* na China, juntamente dos pesquisadores Pamela Koch, Bradley Koch e Oded Shenkar, indicaram que vários tipos de diversidade cultural no estilo de liderança poderiam criar potenciais sinergias, particularmente quando elas não subvertem a ordem daqueles pressupostos culturais mais rigidamente arraigados às pessoas.[49] Isso porque a dor pode se traduzir em ganhos intelectuais quando ideias menos consistentes são contrapostas, assim as contradições levam a visões criativas, surgindo ideias melhores. Por exemplo, Phillips constatou que as pessoas podem até mesmo não reconhecer uma ideia como diferente caso ela parta de alguém que lhes seja socialmente (demograficamente) semelhante, contudo eles darão atenção a essa ideia e compreenderão sua exclusividade caso ela parta de alguém que lhes seja socialmente (demograficamente) diferente. E a autora notou que indivíduos de equipes com diversidade se antecipam ao serem mais desafiados, fazendo com que eles preparem argumentos mais sólidos como resposta.

De forma ativa, estruture suas equipes de modo a criarem perspectivas diversas. Para colocar esses princípios em ação, a empresa de produção de *video games* Electronic Arts cria duas equipes ao desenvolver um novo produto, uma equipe de orçamento e outra criativa, de modo a fomentar conflitos produtivos e construtivos. A tensão se torna um motor que impulsiona a empresa a produzir o melhor produto. De acordo com o ex-CEO, John Riccitiello,

> "a abordagem de 'sorriso nos lábios' na gestão não funciona no ramo do entretenimento. Certas pessoas esperam, sonham e rezam para que a estratégia de gastar mais tempo e dinheiro funcione. Nós redobramos nossas apostas em coisas que funcionam, nossa tendência é interromper coisas que não funcionam".[50]

Ao propositadamente gerar tais debates, pode-se ajudar uma equipe a suportar a dor dos conflitos e a fazer o exercício mental necessário para romper a Armadilha da Concordância. E, ao fazê-lo regularmente, você encoraja seus subordinados a se dedicarem a trabalhos de melhor qualidade e maior valor que eliminem o custo do silêncio.

Conclusão

Caso esteja preso na Armadilha da Concordância, o desafio não está em descobrir soluções. Pelo contrário, trata-se de saber se alguém está ou não disposto a se expressar, agir e acessar o cabedal de conhecimentos.

Para racionalizar esta falta de ação, a Armadilha da Concordância cria todo um vocabulário para justificar o comportamento de "bonzinho". Trata-se de "daltonismo" ao evitar questões raciais; "se sacrificar em nome da equipe" ao renunciar valor em negociações entre colegas da equipe; ou suavizar críticas negativas para evitar a adoção de uma possível postura defensiva da outra parte. Embora o seu ambiente de trabalho possa aparentemente parecer pacífico, esses tipos de comportamento podem provocar sentimentos subjacentes de frustração, tempo perdido e onerosos erros.

Ao adotar posições conflituosas em vez de evitá-las e falar abertamente em vez de se calar, os gestores dão o direito de seus subalternos fazerem o mesmo. Conversas resultantes de debates sem julgamento permitem às organizações enfrentar e resolverem diretamente seus problemas, sem ter de ficar pisando em ovos em relação a eles. Além disso, quanto mais suas equipes participarem de debates, mais elas estarão focadas no sinal em vez de no ruído. Nos dois capítulos seguintes, vamos considerar formas mais detalhadas de desenvolver essas interações de equipe, assim você poderá extrair os sinais de alto valor das pessoas e grupos que o cercam.

CAPÍTULO 5

A Armadilha da Comunicação

A sapa enfrenta um sério problema de tomada de decisão ao acasalar. Como escolher o melhor companheiro entre o coro de centenas de machos coaxando no seu brejo? Em muitas espécies de sapos, o "melhor" é o sapo que emite o coaxo de frequência mais baixa, indicativo que ele tem uma massa corpórea maior.[1]

Enquanto a sapa participa do ensurdecedor coquetel, ela é sobrecarregada por comunicação em demasia. O seu sistema nervoso permite a ela detectar apenas aqueles sapos no pequeno raio ao seu redor com coaxos que atendem a uma determinada frequência, e as comunicações dos demais machos irão acabar se perdendo no plano de fundo como ruído.[2] Isso significa que suas imensas opções são, na realidade, uma ilusão já que ela é capaz de discernir apenas dois ou três sapos por vez numa área imediata. E, o que é pior, à medida que o volume excede certos níveis, ela não mais escolhe o sapo com o desejável coaxo mais baixo. Presa do ruído, ela passa de um alto nível de exigência para um satisfatório e acabará se acasalando com qualquer um.

Os gestores normalmente são saturados com um interminável palavrório organizacional, enfrentando uma situação bem parecida com o caótico brejo relatado anteriormente. Trata-se da Armadilha da Comunicação: os gestores se veem dentro, e certas vezes o criam, do que pesquisadores organizacionais chamam de ambiente de tomada de decisão "lata de lixo" em que se torna cada vez mais difícil distinguir sinal de ruído.[3] À medida que eles se veem diante de problemas atrozes, eles buscam cada vez mais informações para resolvê-los. Normalmente, isso poderia ser considerado um ponto forte, mas também pode levar diretamente à ação sem pulso quando são sobrecarregados de informações, diminuindo a relação sinal/ruído e tornando o ambiente para resolução de problemas ainda mais complexo e insolúvel.

De acordo com a teoria da detecção de sinais, os indivíduos se cansam ao tentarem encontrar sinal em meio a tanto ruído. Certas vezes, chegam até a perceber sinal quando ele na realidade não existe, da mesma forma que na *síndrome da mensagem fantasma*, quando imaginam que seu telefone emitiu um sinal de alerta, mas que na verdade não aconteceu; ao lerem uma história incrível na Internet que dias depois foi desmentida; ou, então, ao abrirem um e-mail marcado como urgente quando de fato não era. Em termos de detecção de sinais, todos esses são *alarmes falsos*. Outras vezes, as pessoas deixam de se dar conta de que alguém havia lhes enviado uma mensagem de texto ou um e-mail importante por terem ficado perdidos no meio da zona de mensagens, uma perda na terminologia da detecção de sinais.[4]

Pelo fato de a comunicação excessiva aumentar o ruído, obscurecer os sinais de alta-fidelidade e sobrecarregar a capacidade de tomada de decisão do ser humano, a tentação é então investir em outras tecnologias que ajudem a coletar, ordenar e analisar as informações. Um estudo realizado pelo McKinsey Global Institute relatou que trabalhadores da "interação" – isto é, gestores e profissionais que precisam realizar trabalhos significativamente interpessoal e de inovação indo além da atividade rotineira – gastam 19% de seus dias de trabalho reunindo informações, entre as quais lendo e-mails, e outros 28% escrevendo e respondendo e-mails, excedendo os 14% de tempo gastos realmente colaborando com seus colegas.[5]

Dado que o uso da tecnologia da informação irá apenas aumentar, como os gestores poderão sair da Armadilha da Comunicação e estabelecer práticas e comportamentos que aumentem a relação sinal/ruído no trabalho? Um frequentemente mencionado antídoto para as tecnologias de comunicação é simplesmente aumentar o tempo "face a face": mais reuniões, encontros informais, festas no escritório e eventos de *networking*.[6] Mas há uma pegadinha: as pessoas não consideram a tecnologia como primeiro fator de distração no trabalho;

pelo contrário, são os seus *colegas*![7] Embora a tecnologia tenha aumentado a velocidade e taxa de comunicação em muitos aspectos, ela simplesmente amplifica a comunicação já existente. É provável que você também se veja como uma vítima da Armadilha da Comunicação caso esteja em uma cultura corporativa que exagera nas reuniões presenciais.

A solução para a Armadilha da Comunicação está em pensar na comunicação como um dos seus recursos mais importantes, embora subestimados e não regulamentados. Isto é, embora existam orçamentos para controlar os seus gastos, não há nenhuma restrição na comunicação – geralmente, você pode conversar com quem quiser, à hora que quiser, quantas vezes quiser. Consequentemente, as pessoas geram comunicação em demasia em certas áreas, contribuindo para o ruído, e abaixo do necessário em outras, deixando passar sinais de alta fidelidade. Fugir da Armadilha da Comunicação envolve tanto reconhecer como os seus próprios padrões naturais de comunicação conspiram para envolvê-lo em ruído quanto em descobrir maneiras de amplificar os sinais de alta fidelidade.

Consideremos os dois tipos de ruído que surgem do coro de comunicações, cada um dos quais envolvendo oportunidades significativas para ação sem pulso. O primeiro deles é o *ruído redundante* em que as pessoas perdem sinais de alta-fidelidade por se comunicarem com pessoas próximas ou com aquelas com perspectivas ou conhecimentos similares. Assim como a sapa no brejo, os gestores muitas vezes acabam se comunicando em demasia com aqueles que lhes são mais próximos ou similares, filtrando opiniões e informações contrastantes.[8] Cada e-mail, reunião ou conversa com um colega com as mesmas ideias que as suas toma tempo e aumenta o ruído sem adicionar nenhum sinal inovador e de alta-fidelidade.[9]

No presente capítulo, introduziremos técnicas que efetivamente racionalizam os processos de comunicação. Examinaremos como a mudança de seus percursos dentro do escritório pode estimular ideias e oportunidades. E nossa própria pesquisa indica que se trata mais do que ir adiante: trata-se também de pensar de forma mais abrangente sobre a partir de quem você poderá aprender e confrontar o pensamento em redutos, iniciando interações que de outra forma talvez não acontecessem.[10] Quando as pessoas se comunicam através de cliques, elas estão investindo tempo e recursos para ouvir talvez o que já conheçam. Ao expandir seu grupo de interlocutores, o mesmo investimento em comunicação produz uma taxa maior de sinais inovadores.[11]

Em segundo lugar, consideramos o ruído *caótico* que emana da hipercomunicação de reuniões, *networking* e conversas que interfere no foco do verdadeiro trabalho.[12] Envolve também a contínua busca por informações que não ajudam necessariamente (e que, na verdade, podem até mitigá-la) na sua capacidade de resolução de problemas. Iremos apresentar estratégias para reduzir tanto o ruído caótico quanto o redundante, podendo ajudá-lo a estabelecer disciplina na comunicação, encerrar a interminável busca por informações e a focar novamente sua atenção nos problemas em questão.

Pare de Vincular, Comece a Fazer a Ponte

Dê uma olhada no sociograma da Figura 5-1. Sociograma é uma forma de captar e quantificar relações sociais. Cada linha representa um elo de amizade entre pessoas. Ao observar os dois conglomerados distintos e o profundo abismo entre eles, você seria capaz de imaginar de onde provêm os dados desta rede?[13]

FIGURA 5-1

Sociograma de Moreno

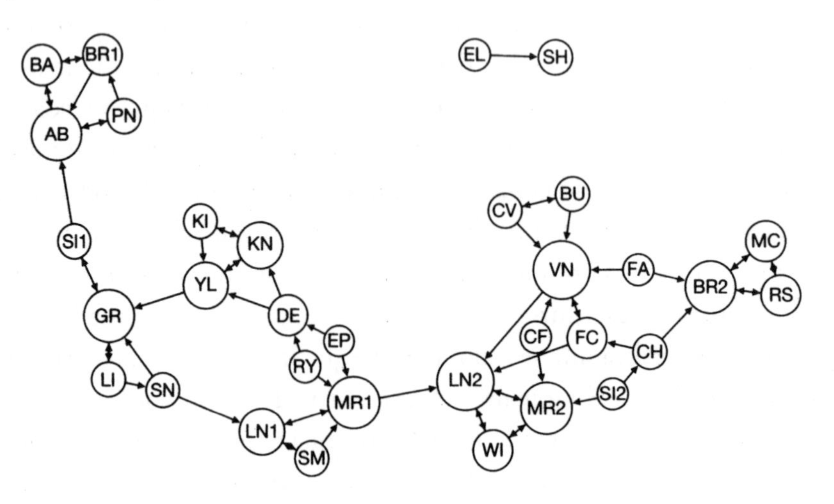

Ela representa as escolhas de amizade de alunos da 4ª série estudados pelo psiquiatra Jacob Moreno em 1934.[14] O conglomerado da esquerda é formado apenas por meninos ao passo que o da direita, somente por meninas. Caso você ainda se lembre de seus tempos de 4ª série, provavelmente não ficará surpreso pela quase completa segregação dos sexos.

Agora examine um outro padrão bastante parecido de ligações em rede apresentado na Figura 5-2. Contudo, desta vez não se trata de alunos da 4ª série. Os quadrados representam os republicanos enquanto os círculos repre-

FIGURA 5-2

Corresponsabilidade em projetos de lei no Senado dos EUA

Dados: informações de completa corresponsabilidade para todos os Projetos de Lei S. e S. J. Res. a partir de 1/3/2009. A ligação existe entre um par de senadores caso a correlação de seus perfis de corresponsabilidade ao longo de todos os projetos de lei for igual ou maior a 0,33. Senadores que não têm correlação de corresponsabilidade igual ou superior a 0,33 com qualquer outro senador não foram incluídos no sociograma.*

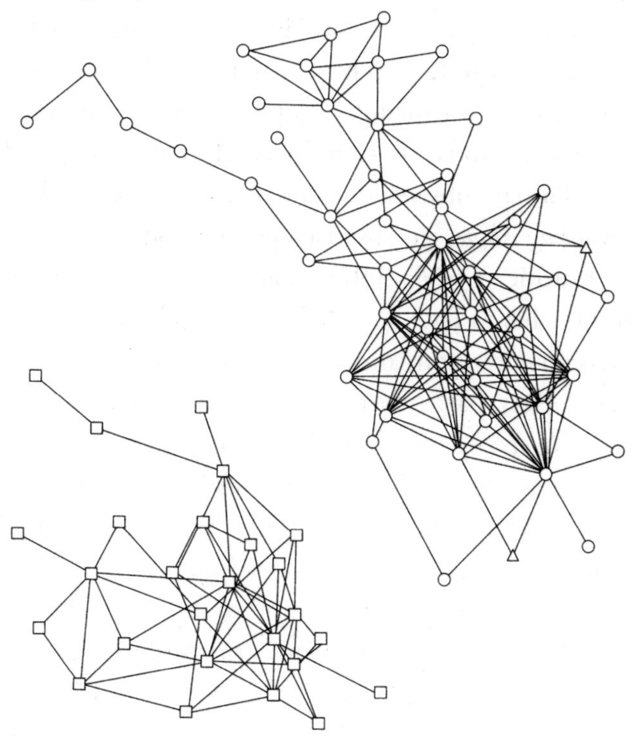

Fonte: Adaptada de J. Cook, "Cosponsorship Networks in the U.S. Senate as of March 1, 2009", *Irregular Times*.

* S. = Senado; S.J. Res. (*Senate Joint Resolution*), medida legislativa que requer a aprovação do Senado e da Câmara e que é apresentada ao presidente para a sua sanção ou veto. (N.T.)

sentam os democratas do senado americano. Cada ligação representa um par com uma correlação de 0,33 ou mais em suas corresponsabilidades em projetos de lei – um indicador da similaridade comportamental entre eles.[15] Em ambas as redes, o sociograma visualiza um profundo abismo entre certos tipos de indivíduos e grupos. O sociólogo Ron Burt chama estas lacunas nas organizações em que certos indivíduos e organizações não estão se comunicando entre si de *buracos estruturais* na rede.

As equipes técnica e de *marketing* de Sandeep também eram divididas por um buraco estrutural e enfrentavam uma *mentalidade de redutos* – uma preocupação e cuidado excessivos com seu próprio grupo, função e área, excluindo os demais. Ao pensar em seu próprio ambiente de trabalho, você seria capaz de identificar lugares em que surgem padrões de exclusivismo (formação de panelinhas) similares? Onde estão as lacunas na rede de comunicação em que as pessoas raramente ultrapassam o corredor para seguir em frente?

É muito comum os gestores sentirem-se frustrados ao tentarem encorajar suas equipes formais a construir ligações-ponte e trocar informações fora dos redutos. A despeito de todas as tecnologias de comunicação disponíveis, o sociólogo Robert Putnam observa que tais lacunas na sociedade são crescentes. Em seu livro *Bowling Alone*, ele observa algo que poderia, à primeira vista, ser uma tendência histórica trivial: embora haja um número de pessoas cada vez maior jogando boliche, as *ligas* de boliche estão em declínio. As pessoas estão jogando sozinhas ou então com amigos. Como ele explorou o padrão não apenas no caso dessas ligas, particularmente cresceu o interesse de Putnam sobre a importância das *ligações-ponte versus ligações vinculatórias*. As ligações vinculatórias envolvem pessoas homogêneas (por exemplo, ligações dentro de um determinado grupo étnico ou religioso); já as ligações-ponte envolvem maior heterogeneidade ao interligar pessoas diversas (por exemplo, ligas de boliche ou as ligações entre meninos e meninas, republicanos e democratas).

Certamente os redutos desempenham uma função crucial, possibilitando às organizações padronizar e organizar a complexidade de forma eficiente. Consideremos como até mesmo o exemplo mais mundano: ligar para uma empresa e ser transferido como "joguete" de departamento para departamento), revela como a solução de problemas complexos é categorizada, classificada e direcionada a diferentes redutos organizacionais.[16] Mas as fronteiras perfeitamente organizadas desses redutos também podem se tornar responsabilidades quando clientes e partes interessadas são "chutados" de um departamento para outro e esperam encontrar gerentes que integrem as diversas habilidades e lhes ofereçam soluções integradas. Os redutos até podem simplificar as funções e encorajar a especialização, porém eles também podem criar silêncios profundos nos espaços que os separam, espaços em que as pessoas deveriam estar conversando entre si.[17]

Dentro dos redutos muitas vezes os indivíduos perdem sinais de alta-fidelidade. Mais especificamente quando as pessoas se comunicam exclusivamente dentro de seus grupos, apesar de elas poderem estar ouvindo e produzindo muito barulho, elas estão sempre se baseando nas mesmas perspectivas. Os redutos são essencialmente caixas de ressonância que reverberam com o ruidoso palavrório de indivíduos que têm o mesmo modo de pensar.[18] As caixas de ressonância são adequadas caso o objetivo seja a amizade, porém altamente ineficientes caso as pessoas estejam em busca de novas oportunidades, inovações e soluções criativas. Amigos com quem se têm familiaridade são confortáveis, porém, declaradamente monótonos e, portanto, indivíduos que se encontram em caixas de ressonância, estão perdendo tempo e energia em ações repetitivas, focando na mesma coisa o tempo todo, sem novas ideias ou avanços. E, pior ainda, as informações dentro de uma caixa de ressonância tendem a se tornar mais extremas e corrompidas pois elas confirmam as ideias preexistentes dos indivíduos.

Quando as pessoas saem sem rumo de seus redutos, elas preenchem *buracos estruturais*.[19] Parte do que ouvem certamente pode ser ruído caótico e irrelevante. Porém, no processo, elas escapam do ruído redundante ao se exporem a ideias novas e diferentes que colocam em xeque suas concepções errôneas e descobrindo oportunidades únicas para fazer prosperar tais ideias.[20] Consideremos algumas estratégias para fugir do hábito da comunicação redundante dentro dos redutos e encontrar sinais inovadores.

Mude o seu Trajeto no Local de Trabalho

Pense na conversa ou interação mais importante que teve no mês passado – uma troca que levou a um *insight* valioso, a uma oportunidade ou então uma possibilidade criativa. Qual meio de comunicação esteve envolvido: Facebook? LinkedIn? Skype? Uma chamada de videoconferência? Uma reunião oficial presencial? Quando colocamos essa pergunta para executivos, raramente eles mencionam as comunicações possibilitadas via tecnologia. E, quase sem exceção, eles também não mencionam reuniões formais, comitês ou forças-tarefa. Em vez disso, descobrimos que seus principais avanços são resultantes muito provavelmente de encontros casuais: durante uma pausa para fumar um cigarro, nos intervalos para um cafezinho e até mesmo no banheiro! De fato, até mesmo não fumantes nos dizem ir a "pausas para um cigarro" pois os fumantes "sabem tudo". Alguns fumantes até mesmo alegam terem sido promovidos inesperadamente graças à rede de fumantes – embora isso possa ser uma tentativa de racionalizar o vício!

Qual o poder da rede de fumantes? Uma pausa para fumar um cigarro poderia reunir o estagiário, o gerente intermediário e o alto executivo; e funcionários dos departamentos de *marketing*, financeiro ou de RH dentro de uma dada organização. Os fumantes podem ser homens, mulheres e pertencer a qualquer raça – em contraste com a previsível rede de contatos similares e mais familiares dos quais inconscientemente as pessoas se cercam. Pelo fato de os fumantes serem provenientes de diferentes partes da organização, mas se encontrarem regularmente em um determinado lugar em que eles podem bater papo informalmente e dividirem diferentes perspectivas, eles são capazes de ter uma visão aérea da empresa.

Certamente não estamos recomendando que os gestores passem a ter a cafeína ou o cigarro como hábito. Porém você pode promover o mesmo tipo de contato – simplesmente invista pelo menos 15 minutos de seu dia caminhando por um trajeto diferente, até mesmo usando um banheiro ou elevador diferentes. Apesar de todo o tempo e dinheiro gastos planejando interações formalizadas em eventos de *networking*, na designação de pessoas para expandir as relações e funcionarem como elos bem como na aquisição de software para compartilhamento de ideias, pontes podem ser formadas por processos emergentes bem mais simples.

Por que as interações que surgem por acaso são tão poderosas na captação de sinais inovadores? Há duas respostas, e elas vão além do fato de um contato face a face apresentar uma tendência de envolver conversas mais profundas do que o *networking on-line*.

LIVRE ESCOLHA = PANELINHAS MAIS FECHADAS. A primeira razão para interações que surgem por acaso gerarem sinais inovadores é o fato de elas eliminarem a livre escolha. À primeira vista, a "escolha" parece ser uma vantagem. Mas ela é justamente o que faz das pessoas presas fáceis para os redutos preexistentes e ruído redundante quando escolhem seus amigos no Facebook e com quem elas interagem em eventos corporativos.[21] Pelo fato da comunicação ser, em grande parte, um recurso não regulado, as pessoas se restringem demais – por exemplo, preferindo se aconchegar em confortáveis panelinhas em vez de tentarem bater papo com pessoas que jamais encontraram antes em eventos de *networking* corporativos presenciais. Diferentemente, as "rodinhas" de fumantes ou pessoas que acabam se cruzando durante o cafezinho normalmente não representam uma subseção estratificada da organização. Pelo contrário, são as pessoas de todas as áreas da organização que estão unidas simplesmente pela característica superficial de gostar de tomar café ou fumar. Não é possível planejar antecipadamente quem você irá encontrar, mas você pode tirar proveito de conversar com alguém novo uma vez que você esteja lá.

A GEOGRAFIA AINDA CONTA. A segunda razão para as pessoas que participam de um cafezinho ou uma pausa para um cigarro terem maiores chances de captar sinais é o fato de elas poderem quebrar os hábitos geográficos que tendem a restringir seu *networking*. Mesmo que não escolham aqueles que lhes são semelhantes, geralmente as pessoas acabam sentando nos mesmos lugares, percorrendo os mesmos trajetos e ocupando os espaços do escritório em que provavelmente irão se deparar repetidamente com as mesmas pessoas. Por outro lado, um bate-papo durante o cafezinho ou para fumar um cigarro é uma rara viagem para fora do seu reduto e força os indivíduos a manterem contato com uma parte representativa diversa da empresa.

Como parte de um experimento pessoal, Leigh mudou o seu próprio trajeto dentro da empresa. Em vez de pegar o caminho mais curto de três minutos até a sua sala no terceiro andar, Leigh foi até o sexto andar do prédio e então desceu e percorreu os longos corredores do quinto e quarto andares – povoado por colegas que provavelmente não estiveram no terceiro andar por mais de uma década. No quinto andar, ela se dirigiu a uma colega que lhe contou sobre um projeto MOOC (*Massive Online Open Course*) sobre pesquisa operacional que ela acabara de lançar. Em cinco minutos, isso levou a uma discussão sobre elaborar um MOOC sobre liderança e assim nasceu um novo curso! A pequena mudança de trajeto deixou Leigh livre da Armadilha da Comunicação e também criou valor simplesmente por ter conversado com algumas pessoas novas.

Muito embora as tecnologias *on-line* possibilitem às pessoas comunicar-se com o outro lado do oceano num piscar de olhos, paradoxalmente, o volume e a frequência de e-mails entre duas pessoas quaisquer ainda são praticamente determinados pela proximidade física entre elas.[22] Um sociograma de usuários do Facebook mostra essa tendência em escala mundial. Usando os dados de serviço de pares de amigos, um estagiário do Facebook, Paul Butler, combinou-os com "a cidade atual de cada usuário e somou o número de amigos entre cada par de cidades para depois juntar os dados com a longitude e latitude de cada cidade".[23] O resultado não foi a usual teia de aranha do sociograma mas sim um raio-X detalhado em que as conexões das pessoas produziram um sistema esquelético que era praticamente uma réplica completa do mapa-múndi – com exceção da China e outras áreas em que o Facebook não tem uma forte presença. Nas palavras de Butler: "não apenas eram visíveis os continentes como também certas fronteiras internacionais. Porém, o que realmente me surpreendeu foi saber que as linhas não representavam costas, rios ou fronteiras políticas, mas verdadeiras relações humanas". Não obstante, embora o agrupamento significativo se baseie nas fronteiras de cultura e língua, há também linhas mais fracas que representam pontos de conexão transoceânicas e entre países. Da mesma forma que acontece com os sapos no brejo, a localização ainda nos remete a redutos, muito embora as ligações mais raras capazes de criar pontes entre os oceanos também fossem visíveis. Para fugir da caixa de ressonância, as pessoas não podem simplesmente abrir suas contas nas redes sociais, elas precisam deslocar seus *eus* físicos ao longo da organização!

Usando a Geografia para Superar a Similaridade

Geografia e similaridade são dois "filtros" que fazem as pessoas ficarem presas ao ruído redundante. Entretanto, ao dizer que a geografia é um recurso oculto, você pode redesenhar (sem regular) as redes de comunicação para superar a associação baseada na similaridade.

Tanya e os pesquisadores Arjun Chakravarti e Christopher Winship estudaram o poder da geografia para detalhar as afinidades raciais em um estudo na Harvard.[24] Mais especificamente, estudantes do primeiro ano de Harvard são distribuídos aleatoriamente com colegas de quarto de diferentes raças de modo a terem a oportunidade de interagirem entre si no decurso de um ano. Depois do período de interação próxima, produtiva e de longo prazo, indivíduos de raças diferentes apresentavam a mesma probabilidade de continuarem a morar juntos no segundo ano do que estudantes da mesma raça em praticamente todas as configurações de dormitórios. Em vez de ficar gastando tempo e dinheiro significativos pregando a diversidade em treinamentos, a faculdade deu um pontapé inicial simples e geográfico que estimulou relações profundas e de longo prazo que eliminaram preferências raciais na maior parte das configurações de grupos.

Como essa estratégia se aplicaria aos redutos formados dentro das empresas? Para encorajar ligações-ponte, tente designar aleatoriamente os lugares em almoços, eventos corporativos e até mesmo em reuniões para misturar os grupos e romper as coalizões previsíveis. Embora designar lugares possa parecer mais adequado para o ensino fundamental, constatamos que até mesmo alunos de cursos MBA, ao escolherem seus próprios assentos, optam por estarem mais próximos daqueles que lhes são semelhantes e com quem estejam mais familiarizados em termos de gênero, etnia e nacionalidade. Por mais estranho que você possa se sentir na qualidade de chefe que designa assentos, o poder dessa técnica reside no fato de que é muito mais esquisito para os estrangeiros iniciar interações entre si. Mas, a partir do momento em que um contato incidental é iniciado, as pessoas travam bate-papos superficiais, asfaltando o caminho para conversas mais profundas e, quem sabe, em última instância, um relacionamento – muito embora elas jamais tenham iniciado essa relação por conta própria.

Consideremos os estudos do pesquisador Sandy Pentland sobre os padrões de comunicação das pessoas. Ele coletou dados usando crachás eletrônicos capazes de detectar quem estava falando com quem, por quanto tempo, o quão próximos estavam um do outro, tom de voz e assim por diante. Suas descobertas indicaram que, embora eventos sociais planejados como "tomar uma cerveja" tivessem pouco efeito sobre os padrões de comunicação, o simples fato de tornar mais longas as mesas do refeitório da empresa (possibilitando que um número maior de pessoas pudessem se sentar juntas) transformou a comunicação, pois um maior número de contatos incidentais entre estrangeiros poderia ocorrer.[25]

Quando os gestores repensam de que forma alavancar espaços comuns subutilizados em seus ambientes de trabalho, eles criam *hubs* que possibilitam às pessoas dentro da empresa acabarem se trombando, estimulando as conversas interdepartamentais e ligações-ponte. Por exemplo, uma de nós trabalhava em uma faculdade de administração em que as caixas postais eram localizadas no andar de cada departamento, de modo que a possibilidade de encontros fortuitos entre membros de diferentes departamentos não existia. Além disso, o café e outras bebidas eram cobrados. Muito embora custassem apenas 25 centavos, as pessoas preferiam parar em uma padaria próxima onde raramente acabavam encontrando colegas de outros departamentos.

De modo contrastante, na antiga universidade tinha um único local onde se encontravam todas as caixas postais dos professores. Cada professor tinha que adentrar aquela sala pelo menos uma vez por dia, estão que acabou se tornando um *hub* onde as pessoas tinham encontros inesperados com professores de outros departamentos. Isso, por sua vez, acabava gerando grandes conversas, fomentando a troca de ideias.

Muito embora a comunicação não fosse regulada, o local se capitalizou em cima dos percursos naturais das pessoas. Elas não tinham outra opção a não ser adentrar aquela sala para pegarem suas correspondências. (O fato desta sala ser abastecida com cafezinho grátis logicamente também ajudou!) Além disso como havia uma mistura de vários departamentos, a interação *dava a sensação* de ser muito menos forçada do que naquelas caras festas "de participação voluntária", bem como naqueles embaraçosos eventos de *networking* patrocinados pela empresa em que as pessoas ficam resmungando, mas acabam indo. Ao encontrar *espaços comuns subutilizados* e colocá-los a seu serviço, você pode criar encontros "aleatórios" por meio de um desenho inteligente e de uma forma relativamente barata.

Outros CEOs modificaram seus próprios percursos. Em vez de se isolarem em salas privativas em um dos cantos do escritório, eles estão "ficando na poltrona do meio", maximizando sua conectividade. Por exemplo, se você visitar os escritórios da Crate & Barrel, encontrará o CEO, COO e o VP todos no meio do escritório, quebrando as barreiras geográficas e lhes permitindo ser parte de conversas que podem acontecer de forma improvisada. Os elevadores são poucos e bem afastados uns dos outros, porém amplos, além de escadarias que podem fazer com que pessoas de todos os níveis possam se encontrar.

Mesmo que não seja possível eliminar os elevadores de seu escritório, use uma escada ou então um banheiro diferente e encoraje seus funcionários a fazerem o mesmo. Em seguida, veja como essa simples mudança em seu percurso diário alarga sua rede de contatos.

Agregue Diversidade à sua Equipe

Ao encontrar dois mundos desconectados e juntá-los, isto é, estabelecendo uma ponte para cobrir o buraco estrutural, um gestor estabelece um palco para a criatividade. Uma gerente da Amazon.com, por exemplo, nos contatou pois gostaria de encorajar mais a solução de problemas de forma criativa por parte de suas equipes e para tal queria contratar um facilitador. Eles haviam organizado almoços semanais em que sua equipe de projetos se encontraria e informalmente discutiria os problemas. Basicamente, ela havia desenhado uma caixa de ressonância para a hora do almoço. Em vez de gastar dinheiro com um facilitador, sugerimos a ela, por que não trazer uma outra equipe diferente para injetar uma nova perspectiva em cada encontro?

Leigh e Hoon-Seok Choi testaram essa intervenção de forma impactante. Eles criaram grupos de *brainstorming* e, em metade deles, sistematicamente retiravam um antigo membro da equipe e inseriam um membro novo. Pode parecer ineficiente, porém os grupos que tiveram um dos membros substituído por outro foram mais criativos do que aqueles em que tal mudança não ocorreu.[26] Novos membros atuaram como catalisadores, inspirando os antigos com novas ideias. Em suma, novos participantes extraíram o melhor dos "veteranos", conectando dois mundos anteriormente desconectados.

Para combater o poder das ligações vinculatórias, deliberadamente, tente encontrar uma voz que possa ser realmente nova. Escolha alguém que você não conhece, ou alguém de um grupo rival, ou então alguém cuja primeira impressão para você foi de irrelevância, ou quem sabe até mesmo alguém que você não goste. Essas são vozes que menos provavelmente você irá se voltar ao pensar em pessoas que poderiam ajudar. Mas elas também são aquelas que provavelmente darão à sua equipe o melhor exercício mental.[27] A pessoa que você não conhece ou pensa ser irrelevante poderá vir com suposições completamente diferentes e expô-lo a ideias que você jamais considerou antes. A pessoa que você não gosta ou com quem concorre tem flechas de criticismo apontadas para o seu trabalho, mas que poderiam confrontar o seu pensamento. Embora a maior parte das pessoas evite esse exercício mental e social, criar uma interação que normalmente jamais teria existido, dado seus percursos convencionais e zona de conforto, pode tornar as suas ideias mais talentosas e consistentes.

Mude a Conversa

Certas vezes a diversidade não é algo a ser descoberto fora de se próprio grupo – você já a possui mais não a usa! A solução não está em ir mais longe, mas, sim, em pensar de forma mais ampla. Recentemente, um executivo nos confidenciou um episódio particularmente frustrante. Uma empresa para a qual ele desesperadamente desejava trabalhar abriu uma vaga. Ele enviou o seu currículo – e jamais obteve qualquer resposta. Meses mais tarde, ele visitou um amigo que já havia trabalhado no ramo por vários anos e que conhecia a pessoa que estava realizando a contratação e que teria feito a triagem do seu currículo. Ele não havia procurado suficientemente em sua rede de contatos e hoje se arrepende amargamente.

Estudamos como as pessoas desperdiçam o valor presente em suas próprias redes de contatos em vários estudos com o pesquisador organizacional Ned Smith.[28] Uma das coisas que observamos é que as pessoas variam em suas habilidades como *ativadores de redes de contatos*. Consideremos Joe, por exemplo, que é uma pessoa introvertida diferentemente do superestabelecedor de contatos estereotipado, mas que tem uma habilidade incrível de buscar em sua agenda de contatos mental e acertar na mosca a pessoa que irá resolver o problema. Mesmo que ele tenha se encontrado com uma pessoa uma única vez em um jantar, ele irá se lembrar das coisas pelas quais ela tem apreço e deixará arquivadas tais informações para recuperá-las quando necessário.

Além de simplesmente lembrar-se de seus contatos, Joe também se sente à vontade para ligar para as pessoas, diferentemente de outros que demonstram o que chamamos *bloqueio para contato*. Assim como atletas podem travar em testes físicos e alunos que farão o vestibular podem ter um bloqueio cognitivo, as pessoas também "travam" socialmente, deixando de ligar para certos contatos devido a ansiedades sociais. É simplesmente estranho ligar do nada para um ex-chefe que você teve dez anos atrás. E é igualmente desafiador para as pessoas contatarem alguém do qual se conhece muito pouco ainda – a outra pessoa pode rejeitá-las ou talvez nem mesmo se lembrarem delas. É simplesmente muito mais fácil ficar caçando nomes na mesma lista de pessoas com as quais você se sente à vontade. Nossa pesquisa indica que o segredo é abordar tais interações com um estado psicológico que envolva sensações positivas (demonstrar felicidade, segurança e não sentir medo) de modo a se sentir confiante em pegar o telefone e explorar além dos nomes de sua panelinha.[29]

Outra técnica está nos hábitos conversacionais dos indivíduos. Mesmo que você esteja diante de uma pessoa portando um sinal de alta-fidelidade, isso não significa que você irá captá-lo. A maior parte dos grupos, mesmo aquele composto por diversos membros, gira em torno de um denominador comum, um fenômeno conhecido como o *efeito das informações comuns*. Eles não compartilham informações novas e preferem falar sobre o conhecimento que eles já possuem. Pelo fato de as pessoas serem obcecadas por suas similaridades, elas deixam de compartilhar e combinar suas informações exclusivas e perdem a chance de aprender umas com as outras e de encontrar soluções inovadoras.[30] Esses padrões se manifestam até mesmo em situações de vida ou morte. Quando médicos deixam de compartilhar informações "exclusivas", isso leva a um aumento de diagnósticos incorretos.[31]

Estar ciente do efeito das informações comuns não é suficiente para mitigar os seus efeitos. É preciso também desenvolver conversas que as superem. Uma das estratégias é conhecida como *brainwriting*.[32] Antes de se reunir em grupo, aloque antecipadamente trabalhos para que as pessoas possam criar ideias-chave, escrevendo-as imediatamente no computador para garantir que elas geraram suas próprias ideias antes de ouvi-las de alguém. (Discutimos mais a respeito do *brainwriting* no Capítulo 6). Quando o grupo se reunir, imprima e compartilhe as ideias que cada um teve previamente de modo a não perder *insights* durante as conversas. E, assim que elas começarem, faça um mapa delas. Em um mapa de conversação típico, a discussão flui sem muita direção até que finalmente as pessoas começam a se concentrar em determinadas direções. Isso pode acontecer por razões arbitrárias – talvez por alguém de hierarquia mais alta ter afirmado uma ideia ou então por um participante particularmente insistente repetidamente levá-la para o centro do debate.

Em vez de afunilar a discussão muito cedo, propositadamente, não perca de vista o escopo mais amplo de ideias no mapa. Por exemplo, uma gerente com quem conversamos, uma líder particularmente habilidosa na condução de discussões, sempre representava o processo de discussão do grupo. Quando o grupo se fixava em um subconjunto de ideias, ela examinava o mapa conversacional inteiro e, particularmente, trechos que foram deixados de lado devido à falta de *follow-up* afirmativo por parte de terceiros. Em seguida, ela impulsionava as pessoas para discutir o que era novo e diferente em vez de simplesmente aderir a intuições que elas compartilhavam e em torno das quais se agarravam.[33]

No processo, ela garantia que ideias não fossem simplesmente podadas devido ao esquecimento, às personalidades envolvidas ou a algum outro processo não intencional.

Ruído Caótico

Embora permanecer dentro da panelinha crie ruído redundante, fazer uma varredura muito ampla pode gerar um ruído caótico.[34] Conforme descrevemos no início deste capítulo, indivíduos expostos a informação em excesso podem se ver superestimulados. A questão é então como garantir que a diversidade que encontramos forneça sinais úteis, mas não crie caos desconcertante. Descreveremos algumas estratégias para se fazer uma busca disciplinada de modo a reduzir os custos de busca excessiva e distração caótica. Antes de começarmos, entretanto, consideremos o nível de ruído caótico que você e a sua equipe poderiam estar enfrentando neste momento.

Qual É a Sua Relação Sinal/Ruído?

Em que medida você se encontra preso na teia da Armadilha da Comunicação? Como verificação rápida, examine a caixa de entrada de seu e-mail no encerramento de um dia de trabalho. Conte quantas mensagens você recebeu, incluindo *spam*, mensagens inúteis, mensagens não essenciais que não exigiram qualquer ação de sua parte. Quando sondamos os executivos com os quais trabalhamos, eles informaram receber várias centenas. Em seguida, identifique quais mensagens são realmente informativas e de alto valor, ou seja, os sinais. Divida-as pelo total de mensagens recebidas. Resultados altos são indicativos de que você se encontra na extremidade receptora de um sinal mais rico. Resultados baixos indicam que você está sendo tolerante com um bocado de informação irrelevante.

Quando fizemos essa sondagem com executivos, alguns indicaram que menos de 10% de seus e-mails eram de importância crítica. Muitos reclamavam que um número desconcertante deles eram "um adeus sem fim": "obrigado por ter enviado o relatório", seguido por "certamente, sem problema", seguido por "ótimo!", seguido por "sempre que precisar!", seguido por "bom saber" e assim por diante. Em outras palavras, uma única solicitação pode gerar cerca de cinco a sete destas mensagens de e-mail sem nenhum valor agregado.

Como segundo passo, conte quantas das mensagens por você enviadas eram absolutamente críticas ou de real importância. Divida-as pelo número total de mensagens que você enviou. Resultados mais altos indicam que você se encontra no lado produtor de um sinal mais rico. Resultados mais baixos indicam que você está criando um grande volume de sinais de baixo valor que levam a informações que não agregam valor.

Finalmente, compare a força do sinal que você *recebe* com a força do sinal que você *envia*. Caso se veja na situação de estar enviando mais ruído (porcaria) do que está recebendo, você está colocando demandas por atenção desnecessárias em suas equipes e desperdiçando o seu valioso tempo e energia. Caso esteja recebendo mais ruído (porcaria) do que está enviando, parabéns – porém você ainda precisa educar sua equipe sobre como melhorar a fidelidade de comunicação dela. Se todos esses índices forem muito elevados de serem tolerados, sua organização como um todo pode estar presa em uma cultura de hipercomunicação.

Quando as pessoas dizem que enviar e-mail não custa nada, geralmente, é porque elas ignoram os custos Tipo II associados: o número de homens-horas gasto lendo, escrevendo ou checando e-mails ou as distrações causadas por eles não são essenciais. O desperdício chega mesmo a atingir as interações face a face. Os executivos também relataram que as trocas de e-mails frequentemente resultavam em uma conversa que iniciava assim: "você recebeu meu e-mail?" e, em seguida, recapitulava a mensagem. Essas conversas duplicadas sobre um e-mail que já havia sido enviado poderiam se estender por até quinze minutos!

As pessoas também se sentem estressadas pela constante expectativa de receberem alguma mensagem. A tecnologia tornou indistinta a linha que separa as vidas pessoal e profissional das pessoas: 60% dos trabalhadores norte-americanos respondem a mensagens/telefonemas pessoais durante o horário de trabalho, e, aproximadamente, 50% respondem a assuntos relativos ao trabalho em seu horário de folga.[35] Espera-se que os gestores estejam 24h por dia disponíveis para seus colegas e clientes. Caso não respondam aos e-mails imediatamente, eles relatam sofrerem reprimendas através de cobranças curtas e grossas: "Talvez você não tenha recebido esta mensagem da primeira vez, porém, estou solicitando...". Isso acontece mesmo quando as pessoas se encontram fora do país, em lua de mel ou cuidando de um filho doente. E é apenas o ruído criado pelo e-mail por si só – não chegamos nem mesmo a considerar um sem número de outras ferramentas e aplicativos em computadores desktop.

Consideremos duas estratégias para fugir de ambientes altamente ruidosos. A primeira delas consiste em haver *regras de interrupção* para controlar a busca automática e interminável por informações; a segunda diz respeito a conceber fugas completas, porém temporárias, da tecnologia – em que você consegue se concentrar no seu trabalho em vez de ser inundado por informações ruidosas.

Passando do Árido para o Fértil

Empirismo árido refere-se à prática de se debruçar sobre a maior quantidade possível de informações e analisar todas elas na esperança de encontrar *insights*. Na era do *big data*, não é de se surpreender que estejamos sofrendo de uma *overdose* de informações. Hoje em dia, quando os indivíduos enfrentam problemas difíceis, eles se veem pedindo mais, mais e mais. Porém a maior parte dos gestores não precisa de mais mensagens e informação; precisa, sim, de melhores maneiras de ordenar, categorizar e analisar os dados em mãos.[36] Afinal de contas, sempre haverá mais informações, recursos e perspectivas a coletar caso esteja disposto a despender tempo e dinheiro para fazê-lo. À medida que os indivíduos se envolvem na hipercomunicação e reúnam cada vez mais informações, eles podem acabar caindo em uma zona árida em vez de uma rica e fértil.

Um experiente executivo descreveu como seu superior, a diretora financeira da empresa, arregimentava funcionários em onerosas buscas por informação. Em parte, ela era racional e gostava de ter todas as informações para poder entender uma dada situação – uma excelente qualidade para alguém consciente de suas decisões. Porém ela também hesitava muito na tomada de decisões difíceis. Aquilo que alguns chamam de "paralisia analítica". Sua reação instintiva ao desconforto da tomada de decisão era, como desculpa, solicitar dados e mais dados. Tais pedidos acionavam uma reação em cadeia entre seus subordinados que eram forçados a comprometer seu tempo e recursos para buscar mais dados e então realizar novas análises em um conjunto cada vez maior. Ao substituir a análise pela coleta de dados e continuamente postergar a tomada de decisão, essa diretora consumia recursos da empresa para adquirir informações que obscureciam os problemas em vez de esclarecê-los.

Há custos claros quando os indivíduos pesquisam de menos ou de mais na resolução de problemas.[37] Um clássico enigma na teoria da tomada de decisão que modela essa contrapartida é conhecida como o *problema da secretária.* Um executivo está tentando contratar uma secretária. Ele entrevista candidatas sequencialmente e, para cada uma delas, tem que decidir se ela seria aceitável ou não para o cargo. Uma aceitação muito rápida pode levar a "escolher" uma secretária não tão eficiente. Já um cuidado excessivo na escolha pode produzir arrependimento por ter rejeitado alternativas melhores.

O problema da secretária foi, obviamente, aplicado ao mercado de casamentos. Pare a seleção muito cedo e você poderá ficar com um parceiro não ideal. Fique escolhendo demais e irá envelhecer e perder boas oportunidades que hoje em dia já se estabeleceram com outros pares. Muito embora o astrônomo Johannes Kepler tenha vivido 400 anos antes dos sites de namoro, mesmo assim ele experimentou a mesma sobrecarga dos sapos no pântano já que ele buscava possíveis noivas. Ele mantinha perfis detalhados delas: uma tinha mau hálito, a outra gastava muito dinheiro. Ele achou uma da qual gostou, mas ele também queria ficar procurando em sua lista para ver se esta continha outras de que gostasse mais.[38]

Em suma, a diretora financeira acima, sofria do mesmo problema. Ela tinha os dados, mas não era capaz de impor um limite para determinar se eram os dados corretos para a tomada de decisão. Suas buscas se acumulavam em uma espiral sem fim, introduzindo mais e mais informações que desperdiçavam o seu tempo, energia e dinheiro sem melhorar sua tomada de decisão.

Os matemáticos que modelaram esse problema haviam formulado uma regra de interrupção de precisos 36,5%, isto é, se você tiver um universo de 10 candidatos, não faça nenhuma oferta para candidatos dentro dos 36,5% iniciais (basicamente os quatro primeiros candidatos) para ter uma amostragem da qualidade doe universo e então selecione aquele que for melhor que o primeiro dos quatro iniciais. Essa regra é capaz de interromper uma busca indefinida.[39]

O número mágico 36,5% dos matemáticos pode ser preciso, porém não ajuda quando o conjunto de informações a ser pesquisado é praticamente ilimitado. Embora tenha vivido também bem antes da era do *big data*, o filósofo britânico William Ockham dá uma dica para disciplinar a busca de informações na prática. Ele observou que decisões parcimoniosas (aquelas baseadas em um número menor de variáveis e hipóteses) tendem a ser mais bem-sucedidas do que aquelas baseadas em muitas contingências. O princípio da navalha de Ockham argumenta que você deve cortar aqueles conceitos, variáveis ou construtos, e tomar decisões baseadas na simplicidade e num número limitado de variáveis.

Fazer três perguntas-chave em reuniões de equipe pode ajudar a reforçar o hábito da busca disciplinada de informações e de encontrar os sinais corretos em meio ao ruído:

O QUE VOU FAZER COM ESTES DADOS UMA VEZ QUE EU OS OBTENHA? Os esforços empreendidos pela diretora financeira na colossal coleta de dados sinalizavam que o trabalho estava sendo feito, porém tratava-se de ação sem pulso que gerava poucos sinais. Esclarecer para si mesmo *para que* realmente *servem* os dados, o força a adotar a navalha de Ockham como princípio orientador, fazendo com que você elimine buscas que não o ajudam a estabelecer o seu problema ou a entendê-lo mais claramente.

SE EU NÃO OBTIVER A INFORMAÇÃO, ISTO ALTERARIA MINHA DECISÃO? Esta pergunta, uma inversão da primeira, o força ainda mais a determinar a validade de certos dados para tomar uma decisão. Ela ajuda a garantir que você está coletando dados que testa uma hipótese concreta. Tente gerar afirmações *se... então* específicas: "*se* as receitas desta empresa estiverem abaixo dos US$ 10 milhões anuais, *então* não faz sentido para nós tentar fechar o negócio". Se já é fato sabido que a receita está abaixo de US$ 10 milhões, essa clara declaração o ajuda a parar de buscar, pois quaisquer informações adicionais não mudarão seus planos. Se você se mantiver fiel aos padrões de hipóteses testáveis, os funcionários responsáveis pela busca e análise de informações ficarão contentes pois simplesmente entenderão o porquê do que estão fazendo e você chegará a decisões mais efetivas e mais rápidas.

A QUE TEREMOS QUE RENUNCIAR AO COMPROMETERMOS ESTE TEMPO E DINHEIRO NA COLETA DE DADOS? Por mais tentador que seja adquirir dados, tente "pensar frugalmente" para ajudar a esclarecer suas prioridades: valerá a pena comprar esses dados caso o dinheiro seja escasso? Ao comparar os processos de pensamento do pobre e do rico, a pesquisa indica que os pobres são mais capazes de ativar as contrapartidas.[40] Isso porque eles estão mais acostumados no exercício do autocontrole em comparação aos abastados. As decisões de compra em que o abonado pode se basear exclusivamente na preferência, como, por exemplo, ir jantar fora, exigem rigorosos cálculos de contrapartidas para o pobre. Eles estão acostumados a se contentarem com menos e, portanto, são capazes de ter uma ideia dos custos de oportunidade em seus processos de tomada de decisão. Ao acionarem o pensamento de contrapartidas, os indivíduos conseguem reconhecer os custos de oportunidade (Tipo II) da coleta de dados desnecessária e, assim, eliminar o desperdício.

Eliminando a Distração

A outra parte da eliminação do caos da comunicação excessiva envolve criar espaços livres da superestimulação crônica.

Verificar constantemente e-mails e ficar pulando de projeto a projeto tem um preço sobre a produtividade e os recursos cognitivos das pessoas. Elas imaginam estar "escolhendo" ao clicarem em um site da Web. Mas a atenção delas está, de fato, sendo dirigida por "iscas de clique" que as guiam de clique em clique. Quando uma pessoa mediana rompe sua cadeia de raciocínio para navegar no mundo *on-line*, seja para estabelecer contatos ou ler um e-mail não essencial, são precisos 16 minutos para recuperar o foco.[41] Pelo fato de o networking *on-line* envolver uma distração contínua momento a momento ao longo do dia – diferentemente das pausas para um cafezinho –, as pessoas se encontram continuamente alternando entre trabalho produtivo e atividades *on-line* improdutivas que perturbam a capacidade delas de se concentrarem.

Uma forma de contra-atacar o desperdício multitarefa trazido pela tecnologia é renomeá-lo. A palavra *multitarefa* implica em algo superprodutivo – as pessoas podem fazer várias coisas ao mesmo tempo! Porém é bem mais preciso pensarmos em *zero tarefa* pois, na realidade, fazer várias coisas ao mesmo tempo significa não fazer nada bem feito e desperdiçar tempo e energia no processo. Pesquisas no campo da psicologia indicam que quando os indivíduos realizam várias tarefas ao mesmo tempo estão, de fato, *alternando* a atenção de uma coisa para outra. De acordo com um estudo da Microsoft, desde o ano 2.000, a capacidade de atenção e concentração do ser humano caiu de 12 para 8 segundos. Ela é menor do que a de um peixinho dourado de aquário, capaz de manter o seu foco de atenção por 9 segundos![42] Seja digitando uma mensagem enquanto dirige ou subindo uma montanha, os "tarefas-zero" estão cognitivamente comprometidos. Em um estudo, embora os alunos usando seus *laptops* durante a aula consigam anotar um número maior de palavras sobre a lição, pois digitar é mais rápido do que escrever à mão), eles estavam cognitivamente comprometidos – saindo pior em provas de compreensão conceitual do que aqueles que tomavam notas à mão.[43] Outros estudos descobriram que alunos usando *laptops* gastam cerca de 40% do tempo da aula usando-o para fins não relacionados à aula, com alguns estudos constatando que 60% dos alunos ficam distraídos durante metade da aula.[44]

O conceito de fluxo está em contraste direto por ser inundado por informações e rapidamente mudar o foco de atenção entre diferentes tarefas.[45] *Fluxo* é a cativante sensação de estar completamente focado e absorto numa dada tarefa a ponto de nada mais importar. Esses são os momentos em que você se encontra totalmente absorto em seu trabalho (e criando valor no processo) em vez de ser estupidamente direcionado de um site a outro pelas "iscas" dos anunciantes ou pelas exigências a todo o momento de checar a caixa de entrada de seu e-mail.

Para criar condições no ambiente de trabalho de modo a habilitar o fluxo, uma organização começou com reuniões sem o uso de tecnologia. Isso foi bastante impopular no início, porém as pessoas começaram a prestar atenção em seus colegas em vez de ficarem checando mensagens e folheando as últimas manchetes, o que resultou em conversas mais produtivas e reuniões mais eficientes.

Uma outra política é dar às pessoas alguma proteção contra interrupções, tanto de origem tecnológica quanto humana, garantindo a elas pelo menos uma hora de trabalho ininterrupto. Por mais desafiador que seja criar isso sem reuniões ou mensagens, acaba por eliminar a superestimulação e permite à sua equipe trabalhar de maneira mais focada.

Finalmente, elimine a pressão sobre os indivíduos de responderem a cada mensagem em segundos. O barulhinho indicando a chegada de uma mensagem condicionou as pessoas a pararem aquilo que estavam fazendo e responderem imediatamente, interrompendo seu foco *e* fazendo com que suas respostas fossem menos refletidas do que deveriam ser. Encoraje sua equipe a usar o tempo necessário para uma resposta melhor e até mesmo sugira que elas se abstenham de responder mensagens não essenciais até a chegada da última hora do expediente. Conforme discutiremos no Capitulo 6, quando se prevê tempo sereno no trabalho, os indivíduos podem escapar do ruído e focarem no que estão fazendo novamente.

Conclusão

A Armadilha da Comunicação se encontra em toda a parte em conversas ruidosas, e-mails, *tweets* e postagens. Apesar de todas as informações que as pessoas têm acesso, elas não são nada mais eficientes na captação de sinais de alta fidelidade. Pelo contrário, a tecnologia muitas vezes está adicionando mais, tanto de comunicação ineficaz quanto da superestimulação, que torna cada vez mais difícil distinguir sinais de alto valor.

Para fugir da Armadilha da Comunicação, elabore interações com relação a sinais de alta-fidelidade e baixo ruído que exponham você e a sua equipe a novas ideias e que captem os sinais significativos. O que impede as pessoas de fazerem isso não é a tecnologia, mas, sim, a psicologia. Os indivíduos podem se conectar ao mundo em um segundo, mas ainda preferem aqueles que estão próximos, são familiares e semelhantes a eles pois é psicologicamente confortável padronizar interações dessas formas. Como resultado, eles perdem sinais de alto valor.

O presente capítulo identificou formas baratas e as melhores práticas que estabelecem o palco para encontros entre pessoas diversas – como a distribuição aleatória dos lugares em que as pessoas irão se sentar; a mudança de seus percursos e de padrões de conversa para revelar o que é novo e único *versus* aquilo que é compartilhado; ou então o uso de espaços comuns para possibilitar a interação que rompe barreiras típicas, como localização, raça, gênero e *status*. Essas estratégias o ajudam a escapar da ação sem tração que surge de ouvir as mesmas conversas repetidamente. Mas também cria riscos causados pela comunicação em excesso e caótica. Ao controlar o apetite por informações contínuas, mesmo por meio de buscas de dados ou de conexão *on-line*, é possível criar espaços que aguçam o seu foco e habilitam trabalho de alto valor. E, como veremos no Capítulo 6, para extrair valor de diversas interações sem que elas descambem para o caos – também é preciso estar preparado para coordenar tais interações.

CAPÍTULO 6

A Armadilha da Macrogestão

Quando o Comitê Olímpico Internacional permitiu às estrelas da NBA participarem das Olimpíadas, parecia provável que a vitória do time norte-americano seria uma "baba" todos os anos. Nas Olimpíadas de 1992, em Barcelona, o time dos EUA contava com Michael Jordan, Magic Johnson e Larry Bird. Era como se "Elvis Presley e os Beattles estivessem tocando juntos", de acordo com o técnico Chuck Daly.[1] O "*dream team*" era mais alto, mais forte, mais famoso e mais talentoso do que qualquer outro e o seu valor de mercado batia qualquer um. Mesmo jogadores de outros países os assediavam em busca de um autógrafo. O time dos sonhos iria jogar para multidões em delírio com enterradas durante o aquecimento antes do jogo, enquanto os adversários discretamente praticavam seus arremessos livres do outro lado da quadra. O nível de talento era tão distante das demais equipes que eles apenas precisavam se esforçar um pouco por um tempo para depois jogarem tranquilamente durante o resto do jogo e ganharem por placares elásticos. Qual corretor de apostas em Las Vegas apostaria em times de países menores com menos experiência e sem o poder de estrelas?

Vamos dar um salto para os jogos de 2004, em Atenas. O time de superestrelas que incluía *superstars* como LeBron James, Tim Duncan e Allen Iverson, passou a ser conhecido como o "*nightmare team*", ou seja, o time dos pesadelos.[2] O pequeno Porto Rico proporcionou ao time americano uma derrota logo na primeira rodada (92 a 73), a mais humilhante derrota da história do basquete americano. Derrotas subsequentes para a Lituânia e a Argentina completaram o vexame. Algumas vezes as equipes podem vencer facilmente baseando-se apenas no talento individual, porém, nem sempre isso é suficiente. Por mais brilhantes que sejam os seus funcionários, pode ser que eles padeçam para obter pulso em seus esforços coletivos.

Os gestores enfrentam desafios semelhantes quando constatam que suas equipes de desenvolvimento de produto, multidisciplinares e de vendas rendem menos do que a soma de suas partes. Consideremos a falência da Long-Term Capital Management.[3] John Meriwether, ex-vice-presidente da Salomon Brothers e diretor de comercialização de títulos, criou os fundos *hedge* e montou uma versão financeira do "*dream team*". Apesar da força de suas estrelas, um grupo de vencedores do Prêmio Nobel e corretores de ponta da Salomon, eles conseguiram perder US$ 4,5 bilhões em uma época em que qualquer investidor mediano estava obtendo lucros. Pior ainda, por não terem controles rígidos, eles assumiram um risco tão grande que também praticamente levaram todo o sistema financeiro à ruína. Apesar de toda a sua força intelectual, os resultados da equipe foram catastróficos e todo esse talento foi desperdiçado.

Faz total sentido recrutar equipes com talentos excepcionais. E, muitas vezes, tal estratégia funciona. Porém, quando gestores contratam os melhores profissionais, se recostam e esperam o *show* de mágica acontecer, eles podem cair diretamente na Armadilha da Macrogestão: a falsa crença de que simplesmente juntar os melhores talentos e dar a eles completa liberdade de ação resultaria em desempenho sinergético e com alta geração de valor.[4] Quando um sinal encontra uma abertura ou espaço livre, ele se subdivide e se espalha em diversas direções. Da mesma maneira, os macrogestores criam vácuos que deixam os grupos estagnados em ações descoordenadas.

A tentação de ficar distante do caminho dos funcionários pode ser mais forte quando se lidera uma equipe de talentos e *superstars*. Entretanto, como sugerem os episódios do "time dos pesadelos" e da Long-Term Capital, grupos de *superstars* podem, na verdade, precisar de *mais* estrutura e comando do que o contrário.

Mesmo que uma equipe não seja formada por *superstars*, a macrogestão ainda desperdiça o seu real valor. Um executivo descreveu como seu CEO deu poderes a dois vice-presidentes em ascensão para ficarem a cargo de um projeto multimilionário: construir uma nova sede regional. Supostamente, eles deveriam colaborar, mas havia questões mal resolvidas entre os dois. Consequentemente, eles dividiram as responsabilidades para minimizar a interação. Um deles, basicamente, havia ficado responsável pela construção inicial da sede enquanto o outro supervisionaria as etapas finais do projeto. O CEO conferiu-lhes plena autonomia durante todo o processo.

Enquanto um deles gastava a maior parte do seu tempo *in loco* dirigindo e planejando o projeto, o outro se engajava apenas passivamente através de atualizações ocasionais. Um mês antes da grande abertura do escritório, o executivo ausente descobriu diversas omissões e responsabilizou o outro executivo responsável pela supervisão *in loco*. O CEO que havia soltado as rédeas não foi competente na criação de executivos autônomos: pelo contrário, ele havia criado funcionários frustrados, que titubeantes, sem apoio e direção, custaram à empresa vários milhares de dólares para corrigir a construção.

Um outro executivo descreveu seu superior, que às pressas criava comitês quando se via diante de problemas, na esperança de que isso daria alguma luz. Eram os chamados de "forças-tarefa", "prefeituras", "grupos de trabalho" e "imersões estratégicas", porém, por trás de cada um desses eufemismos, se tinha um comitê desestruturado que deixaria escorrer pelo ralo horas em discussões sem foco que não levavam a nenhum resultado tangível. Chamamos essa ilusão de que grupos podem automaticamente gerar valor de *falácia da multiplicação por zero*. Crie um comitê de cinco pessoas sem nenhuma ideia e deixe-as discutindo durante um período de vinte homens-horas e você continuará sem nenhuma ideia, *mas com* vinte horas perdidas. De fato, hoje em dia, diversos *apps* permitem aos gerentes controlarem o custo financeiro de cada reunião considerando o número de participantes, suas funções e salário estimado.[5]

Por que as Pessoas Caem na Armadilha da Macrogestão

Vários pontos fortes que os gestores possuem podem se tornar desvantagens que fazem com que os indivíduos caiam na Armadilha da Macrogestão. Primeiramente, a maior parte dos líderes endossa veementemente o "empoderamento" de funcionários, a "delegação" e o "não intervencionismo". Eles expressam uma profunda confiança no talento e nas capacidades de seus funcionários realizarem trabalho de forma independente. Eles não têm o tempo necessário nem querem ficar rondando funcionários e monitorando cada passo que dão. E a ideia de aumentar a eficácia de suas equipes por meio da diminuição de sobrecarga dos gestores certamente é atraente. Contudo, ao evitarem a microgestão, os gestores podem deixar que o estilo deles caia na extremidade oposta.

Em segundo lugar, os gestores podem cair na Armadilha da Macrogestão numa tentativa bem-intencionada de evitar a Armadilha da Comunicação. No Capítulo 5, descrevemos como os gestores podem escapar dos redutos e do excesso de comunicação provocado pelas tecnologias por meio da criação de espaços não convencionais que encorajem o contato face a face entre pessoas diferentes. Porém, à medida que elas se reúnem a fim de colaborarem, isso pode criar um caos ruidoso caso as interações sejam mal coordenadas. O desafio está na criação de equipes que ao mesmo tempo alarguem seus contatos e os afunilem em processos bem alinhados que facilitem sua implementação.[6] Apesar do dinamismo em tempo real que pode ocorrer quando os indivíduos conversam, pensam e criam de forma coletiva e presencial, interações face a face em demasia se tornam um desperdício quando são mal desenhadas e coordenadas. A abordagem do não intervencionismo deixa de suprir o apoio necessário para estruturar equipes, missões e marcos.

Em terceiro lugar, os executivos também podem cair na Armadilha da Macrogestão justamente por terem se frustrado com o excesso de burocracia e seu desperdício – regras, procedimentos e níveis hierárquicos em demasia. De fato, várias empresas inovadoras têm experimentado o "desnudamento" de suas organizações. Nos exemplos mais extremos, algumas delas horizontalizaram a organização e até mesmo eliminaram os controles "de cima para baixo" em relação aos seus funcionários.

Um exemplo é aquele da *holacracia* da Zappos.[7] Esse termo se refere a "uma nova maneira de gerir uma organização que elimina o poder de uma gestão hierarquizada e o distribui através de funções claras, que podem ser executadas de forma autônoma, sem um superior com características de microgestor".[8] Você poderia supor que todo mundo vibraria ao saber que não tem mais um chefe. Os indivíduos certamente reclamam das hierarquias e dos microgestores que fazem uma marcação cerrada sobre eles. Por exemplo, uma pesquisa da Accountemps constatou que 59% dos trabalhadores haviam trabalhado para um microgestor ao longo de suas carreiras, e, desses, 68% relataram baixo moral, enquanto 55% passou por produtividade reduzida.[9] O problema é que quando as empresas eliminam a burocracia e não preenchem o vazio deixado, elas acabam ficando com equipes subcoordenadas. Por mais que as pessoas não gostem de regras e hierarquia, elas também temem a incerteza, e a hierarquia elimina vários tipos de incertezas na coordenação do trabalho e organiza as responsabilidades.[10]

Estudos mostram que equipes bem formadas com líderes inadequados são mais bem-sucedidas que equipes mal formadas mas com líderes carismáticos, justamente porque as normas e as expectativas eram claras.[11] O guru da administração Frederic Laloux, cujos escritos ajudaram a inspirar a transformação da Zappos, observa que há, de fato, mais estrutura em organizações autogeridas bem-sucedidas – elas são apenas organizadas de forma diferente.[12]

A tendência da subtração e de imperativos "menos é mais" pode potencialmente eliminar as perdas de processos causadas pelas hierarquias de empresas como a Zappos. Mas quando os macrogestores simplesmente eliminam a estrutura sem preencher as lacunas deixadas por ela, eles correm o risco de perder processos já que as pessoas preenchem as lacunas adicionando estruturas próprias, que também podem acabar com oportunidades para possíveis ganhos. Consideremos a simples equação que o pesquisador Ivan Steiner propôs para expressar quanto valor é gerado (e perdido) em grupos:[13]

$$PR = PP - PeP + GP$$

Neste modelo, PR é a *produtividade real* de um grupo. PP refere-se à *produtividade potencial* – quanto os membros do grupo *poderiam* alcançar caso fossem capazes de combinar eficazmente seus talentos. GP refere-se aos *ganhos nos processos*, ou a sinergia e a multiplicação de vantagens que poderiam resultar da reunião de pessoas.

Há, porém, o lado negativo. PeP refere-se às *perdas nos processos*, ou seja, o que o grupo perde por causa de suas interações. As perdas nos processos ocorrem de duas maneiras:[14]

- Perda de motivação: produtividade reduzida devido à falta de motivação dentro dos grupos; por exemplo, a falta de contribuição por parte daqueles que "pegam carona" e vivem nas costas dos outros (conforme discutido no Capítulo 3).

- Perda de coordenação: diminuição da produtividade devido à organização deficiente do grupo (inclusive conversas improdutivas, falhas no uso do *expertise* das pessoas e comunicação inadequada). Enquanto os "folgados" podem ter a maior parcela da atenção dirigida a si, a perda de coordenação pode silenciosamente deixar escapar valor significativo.

A maioria dos líderes foca no potencial do grupo e, em seguida, se recosta e relaxa. É muito mais fácil se concentrar na figura – isto é, em cada membro do grupo e suas capacidades) deixando de lado o fundo – o cenário que os gestores montam e que determina se o grupo é capaz ou não de minimizar suas perdas nos processos e obter seus ganhos nos processos.

A questão é que o real *processo de grupo* é o principal fator de predição do sucesso de uma equipe. É a variável faltante que irá explicar se as pessoas reunidas em um grupo serão capazes de produzir valor ou então de desperdiçá-lo. Como veremos mais adiante, a solução para a Armadilha da Macrogestão não é a microgestão, mas, sim, estabelecer as regras básicas para o sucesso da equipe coordenando as ações individuais de seus membros de modo que as ações como um todo ganhem impulso. Começaremos explorando o exemplo dos grupos de *brainstorming* que tão frequentemente expõem os perigos da macrogestão e considerando as configurações inteligentes para minimizar as perdas nos processos. Em seguida, iremos considerar como as equipes podem alternar entre o trabalho "isolado nas cavernas" e o "comunitário" para explorar as vantagens tanto do trabalho individual quanto aquele em grupo. Finalmente, consideraremos técnicas que os gestores poderão usar para equilibrar o conflito e tornar-se mais coeso. A mensagem fundamental é: *não controle nem se resigne – coordene.*

Reelabore o Brainstorming para Aumentar a Capacidade Mental Coletiva

Em teoria, o processo de *brainstorming* parece maravilhoso. A criatividade do grupo é liberada e um sem número de ideias surge espontaneamente. Infelizmente, praticamente, todas as análises sobre *brainstorming* ao longo dos últimos sessenta anos constataram que um grupo de *brainstorming* gera um número de ideias menor e de qualidade inferior do que o mesmo número de pessoas trabalhando isoladamente. O *brainstorming* é um exemplo perfeito de uma estratégia empresarial que parece ótima, mas que não parece tão boa assim quando se consideram evidências reais de sua efetividade.[15] Como isso poderia se dar?

O processo de *brainstorming* conforme normalmente praticado envolve espaços não convencionais e discussões não sujeitas a regras que claramente expõem as armadilhas da macrogestão. Quando o executivo de *marketing* Alex Osborn cunhou o termo *brainstorming* em 1948, as pessoas estavam buscando maneiras para criar coletivamente e o conceito de *brainstorming* oferecia apenas essa interface. Embora a maior parte dos executivos relate ter participado de sessões de *brainstorming* em que não existissem quaisquer tipos de regras fundamentais, Osborn de fato estabeleceu quatro regras básicas para o processo de *brainstorming*:

- **Quantidade:** gerar um grande número de ideias, pois a quantidade leva à qualidade.
- **Construção:** ideias conectadas e relacionadas entre si.
- **Expressividade:** expor aos outros qualquer ideia sem autocensura.
- **Ausência de críticas:** nenhum julgamento sobre as ideias, isto é, acusações, sua viabilidade, etc.

Embora a pesquisa tenha se mostrado acertada nos dois primeiros aspectos (a geração de um grande número de ideias e a conexão entre elas), os dois últimos princípios tiveram uma menor validação dentro da pesquisa.[16] Primeiramente, a expressividade distorce a conversa em favor de indivíduos de maior *status* e dão destaque àqueles que preenchem o vácuo com falatório, fazendo com que os grupos percam a sabedoria coletiva das opiniões dos introvertidos e menos poderosos. Enquanto isso, as perdas nos processos se acumulam à medida que os outros se recostam e pegam carona – em geral, concordando com as mais veementes e primeiras ideias introduzidas.

Além disso, a crítica às ideias (mas não àqueles que as estão apresentando) realmente *melhora* o resultado através do encorajamento à tensão criativa.[17] Estudos sobre reflexão em grupo, por exemplo, descrevem os perigos de determinados "guardiões de ideias" autointitulados, que isolam o grupo de diversas perspectivas, pressionando para a busca de um consenso.[18] Eles podem incitar o grupo a rapidamente tomar decisões ou pressioná-lo para chegar a determinados resultados, conduzindo o grupo diretamente para a Armadilha da Concordância ao porem fim no conflito criativo.

Em vez de "jogar fora o bebê criativo junto com a água suja do banho de *brainstorming*",* vamos considerar novos desenhos e regras básicas para coordenar as interações de grupo e aumentar a sua "inteligência coletiva":

---

* Adaptação usada pelas autoras para a expressão "throw the baby out with the bathwater", literalmente, "jogar fora o bebê junto com a água (suja) do banho". A expressão original tem origem na Idade Média quando todos tomavam banho em uma mesma tina, sendo que o chefe de família tinha o privilégio de tomar banho primeiro na água limpa. Depois, sem trocar a água, vinham os demais homens da casa (por ordem de idade), as mulheres, as crianças e, por último, os bebês. Quando chegava a vez deles, a água do banho já estava tão suja que se corria o risco de "perder" o bebê ao jogar fora a água suja do banho. O significado disso tudo é "perder algo desejável ao tentar se livrar de algo indesejável". Fontes: https://www.phrases.org.uk/meanings/dont-throw-the-baby-out-with-the-bathwater.html e Oxford Advanced Learner's Dictionary, 7th ed. (N.T.)

Brainwriting

Quando realizamos reuniões fora da empresa, normalmente somos alertados sobre o fato que gestores alfa dominantes tentarão monopolizar o grupo. Para lidar com monopolistas conversacionais e garantir que todas as ideias sejam ouvidas, usamos uma técnica comprovada denominada *brainwriting*.[19] Em vez de ficar disputando com tais indivíduos na tentativa de silenciá-los, um plano de ataque mais efetivo é amplificar os outros participantes. No início da sessão, distribuímos centenas de fichas e pedimos a todos para escreverem nelas suas ideias sem colocarem seus nomes. Após cerca de dez minutos, o grupo havia gerado centenas de ideias (anônimas). Em seguida, ele vota nas ideias – mais uma vez, de forma anônima. O anonimato evita a pressão por parte de colegas e também mascara o carisma, o apreço por parte das pessoas, a persistência ou o poder para afetar os processos daquele que expressa verbalmente a ideia. Desse modo, o grupo pode equilibrar as ideias dos membros dominantes, mas de uma forma em que possam ser ouvidas outras ideias também.

Pesquisas indicam que o *brainwriting* possibilita às pessoas gerar mais ideias do que o *brainstorming* tradicional – segundo um estudo, mais do que o dobro.[20] Uma razão é que a verbalização das ideias cria bloqueio de produção, isto é, quando uma pessoa está falando, a geração de ideias das demais pessoas é interrompida, retardando o processo mental do grupo e fazendo com que as pessoas esqueçam as ideias que tinham em mente.[21]

Você também pode usar esse exercício para um grupo espalhado em diversos locais. Simplesmente transfira a discussão para o ambiente *on-line*. Conforme discutido no Capítulo 5, quando usada em demasia, a comunicação *on-line* provavelmente irá acabar degradando a relação sinal/ruído. Nesse caso, entretanto, o brainstorming *on-line* pode superar o *brainstorming* face a face! Por quê? O *brainstorming on-line* é, efetivamente, uma forma de *brainwriting* que elimina as perdas de processos da fala. As conversas *on-line* também podem facilitar o anonimato disfarçando os nomes de usuários para reduzir a tendenciosidade para certos membros. É uma opção natural para equipes e reuniões virtuais.

A Sabedoria das Massas

Além disso, considere técnicas para a ampla busca de soluções de modo a poder extrair a sabedoria de até mesmo uma multidão de pessoas que pode parecer impossível de ser coordenada como um grupo. Ao sondar e chegar a uma média da opinião coletiva de centenas de pessoas, é possível identificar um sinal mais preciso do que qualquer outro sinal individual. Assim como acontece com as avaliações de restaurantes e lojas do site Yelp.com, a avaliação de um cliente que, por idiossincrasia é negativa, é cancelada por outro que teve uma boa experiência. Consequentemente, dez mil pessoas largamente dispersas dentro da empresa deveriam, teoricamente, gerar uma previsão mais precisa das perspectivas de crescimento da empresa do que se fossem apenas um ou dois tomadores de decisão importantes – mesmo (ou quem sabe, especialmente) se ocuparem uma posição hierárquica elevada.[22]

Muito embora uma multidão possa parecer descoordenada, na verdade, as pessoas estão trabalhando de forma independente de modo a não existir nenhuma chance de perdas nos processos provenientes da colaboração – técnicas como *brainwriting* e sabedoria das multidões funcionam porque elas oferecem significativamente maior coordenação em termos de coleta e combinação de conhecimentos coletivos do que os macrogestores fazem quando lideram grupos presencialmente. Quando grupos que se reúnem presencialmente são subcomandados, eles são facilmente recrutados por certos membros de alto escalão, de modo que outros membros tendam a se adequar rapidamente a tais opiniões e os *experts* que não aparecem são menosprezados. Ao simplesmente fazer uma sondagem do espectro de conhecimentos do coletivo e avaliar soluções de forma ideal e anônima, as massas podem muitas vezes superar o desempenho de grupos que se reúnem presencialmente.

Como exemplo, o livro do desenvolvedor de *software* Eric Raymond (*The Cathedral and the Bazaar*) contrasta o modelo de catedral – o código-fonte é disponibilizado a cada *release* e as elites desenvolvem o código entre esses *releases* – e o de "feira livre" – o código é aberto e o público pode visualizá-lo *on-line*. O modelo "feira livre"predomina devido àquilo que Raymond chama de lei de Linus (em homenagem a Linus Torvalds, idealizador do projeto do *kernel* do Linux): "Dado o grande número de globos oculares, todos os *bugs* são triviais".

Um número maior de pessoas examinando o código significa uma maior probabilidade de pegar um *bug*.

De fato, o modelo "feira livre", juntamente com o princípio da "ludificação" (transformar trabalho em jogos e concursos), facilitou a resolução de problemas em um desafio científico complexo. O "problema do dobramento das proteínas" é conhecido como um dos 125 mistérios mais desafiadores da ciência. As irregularidades no dobramento das proteínas estão por trás de um grande número de doenças: determinados tipos de câncer, fibrose cística, além das doenças de Alzheimer, Parkinson e Creutzfeldt-Jakob. Para avançar na solução desse problema, os cientistas precisavam entender as regras que governavam a forma que as proteínas irão adotar. Portanto, em 2010, bioquímicos da Universidade de Washington e cientistas computacionais criaram um jogo chamado "Dobre-a".[23] Exigia que as pessoas usassem suas habilidades espaciais para manipular as proteínas em dobramentos que fariam com que elas ganhassem o maior número de pontos. Com a participação de 57.000 jogadores, o ser humano ultrapassou os computadores em cinco dos dez jogos e alcançaram resultados similares em outros três.[24] Em outras palavras, ao permitir a participação de um número maior de pessoas (e até mesmo fazendo disso um jogo), coletando e explorando suas ideias, há uma probabilidade maior de se encontrar soluções, mesmo que as pessoas não se encontrem na mesma sala.

Brainswarming

Embora o *brainwriting* e a sabedoria das massas possam ajudar a agregar as opiniões de indivíduos trabalhando sozinhos, uma técnica mais nova usa a metáfora de um formigueiro para reorganizar a forma como as pessoas funcionam criativamente diante de interações em torno de um problema. Da mesma forma como as formigas deixam sinais na forma de ferormônios, o *brainswarming* também elimina a necessidade de conversar. Ele usa um exercício de visualização para criar e refinar as ideias como equipe. Com esta técnica, cria-se um quadro com o objetivo em cima e recursos disponíveis na parte inferior. Os participantes pregam notas no quadro, com pensadores "de cima para baixo" refinando o objetivo e os pensadores "de baixo para cima" adicionando mais recursos e formas de usá-las, até que os caminhos convirjam, chegando-se, coletivamente, a uma solução. Estudos revelam que o *brainswarming* leva a 60% mais de ideias do que o *brainstorming* tradicional.[25]

Geração Verbal de Ideias

Para eliminar as altas perdas de processos resultante de conversas, as alternativas para o *brainstorming* tradicional eliminam a conversa tanto na geração quanto na avaliação de ideias. Mas certas vezes as conversas face a face são necessárias. Se você estiver elaborando uma sessão de geração verbal de ideias, considere a implementação de duas regras básicas que reduzem as perdas de processos provenientes das conversas:

- **"Decolagem vertical"**: um fator-chave que limita o número de ideias geradas durante uma sessão de *brainstorming* é a duração de contribuição individual. Um de nós usa um aquecimento antes dos exercícios de *brainstorming*, chamada "*decolagem vertical*". Ele faz com que as pessoas travem uma conversa de dois minutos com um colega e que eles cheguem imediatamente ao ponto.

- **Construção**: ideias conectadas e relacionadas entre si. Descobrimos que em geral as pessoas "ficam enrolando" ao iniciarem uma conversa. Ao usar a decolagem para encorajar e treinar membros da equipe para se expressarem de forma mais eficiente, é possível aumentar drasticamente a relação sinal/ruído. Reduza a dispersão horizontal: Outra fonte de perda de produtividade é o fato de as pessoas não encerrarem os seus comentários de forma sucinta; portanto, uma ideia potencialmente boa pode se perder em meio ao falatório daquele que tenta transmiti-la. Uma regra básica para restringir tal *dispersão horizontal* é agarrá-la como uma oportunidade para trazer para o debate alguém que pouco se manifesta. Se aquele que estiver falando ultrapassar a barreira dos dois minutos, um mediador poderá intervir e dizer:

"Permita-me interrompê-lo – talvez seja útil termos outros pontos de vista sobre esta questão. Ainda não ouvimos a Miranda; o que pensa sobre isto, Miranda?".

Nenhuma dessas técnicas requer um monitoramento, controle ou microgestão do grupo; pelo contrário, elas permitem que seja montado o palco para a troca de informações através de novas formulações para interação e regras básicas construtivas. Porém algumas vezes as regras básicas não são suficientes: a verdadeira questão é saber se seus colaboradores devem ou não trabalhar em grupos. Consideremos agora uma técnica que possibilita a maximização tanto dos espaços públicos como privados.

O Trabalho "Isolado nas Cavernas" e o "Comunitário"

Em 2013, Marissa Mayer da Yahoo! causou um verdadeiro rebuliço ao mudar a política da empresa e declarar que não seria mais permitido aos funcionários trabalhar de suas casas. Mayer acreditava que estar visível era o segredo para estabelecer uma cultura criativa. Crença similar também levou diversas empresas a desmantelarem todas as salas, e até mesmo as baias, e colocarem todos em grandes espaços abertos. Essa política é controversa, mas suscita uma interessante pergunta: a coabitação constante torna os grupos mais produtivos? Se desenhados apropriadamente, ela poderia criar a oportunidade para encontros casuais, mas também criar suas próprias perdas nos processos devido à distração.

Em um estudo feito com engenheiros de *software*, pesquisadores constataram que 62% dos que apresentaram o melhor desempenho descrevia seu espaço de trabalho como privado, comparados aos 19% destes com baixo desempenho. Além disso, 76% dos engenheiros com baixo desempenho se sentiam interrompidos desnecessariamente durante o trabalho; ao passo que apenas 38% daqueles com ótimo desempenho achavam isso.[26] É evidente que engenheiros de software envolvidos com um trabalho complexo precisem de tempo e de sossego sem interrupções, longe de colegas que possam distraí-los.[27]

Porém, incentivar *demais* o trabalho independente pode criar outros problemas de coordenação em tarefas e projetos colaborativos. Por exemplo, uma empresa do Vale do Silício decidiu eliminar completamente suas reuniões semanais face a face e fazer tudo via e-mail. Em vez de reduzir a ineficiência, arranjou-se frequentes falhas de interpretação, pois o trabalho era extremamente colaborativo e as pessoas deixavam escapar nuances críticas.

O problema é que as empresas criam opções falsas entre trabalho individual e trabalho em grupo, quando deveriam estar melhorando o modo de empregar *ambas*. O que é preciso é uma transição entre a *caverna* (o espaço privado) e o *comunitário* (espaço público). Ao gerenciar equipes é preciso ter a qualidade de ambidestro para saber quando diminuir a atividade em grupo e quando aumentar a atividade individual, e quando colocar os grupos em ação novamente.

Equilíbrio Entre os Trabalhos Privado e Comunitário

Como diretriz, quando o trabalho em equipe exigir foco, mantenha seus funcionários na caverna pois é um ambiente de baixo sinal/ruído. Um princípio psicológico básico é que tempo sozinho é particularmente importante quando os indivíduos estão realizando tarefas individuais não dominantes – isto é, complexas e inovadoras –, ao passo que o ambiente comunitário pode facilitar a execução de tarefas individuais dominantes – fáceis, bem compreendidas.[28] Por exemplo, tente resolver um complexo problema matemático no ambiente comunitário enquanto um público simplesmente o observa. Mesmo que eles não o estejam distraindo ativamente com conversas paralelas, a simples presença deles cria excitação e acaba se transformando em "nervosismo", interferindo na sua capacidade de focar em tarefas não dominantes. Ao contrário, correr é uma atividade dominante bem compreendida. Como é de conhecimento de muitos corredores não profissionais, ter outras pessoas em torno os inspira a tentar acompanhar o ritmo delas. Para tarefas bem compreendidas como a corrida, o ruído "comunitário" não causa disrupção, mas transmite energia e aumenta o desempenho.

Embora as pessoas precisem de suas cavernas para fugirem do ruído de modo a poderem ser criativas e manterem-se focadas, os ambientes comunitários permitem a elas obter esclarecimentos e discernirem qual era o sinal. Uma gerente nos descreveu a regra 3x3 usada em sua organização em que sua equipe convocava uma reunião presencial toda vez que seus membros se encontrassem em cadeias de e-mails com mais de três pessoas e que suscitasse uma cadeia de mais do que três e-mails (verborreia). Eles poderiam rapidamente verificar e resolver os problemas pessoalmente e, em seguida, retornarem às suas cavernas e trabalhar. Em vez de organizar reuniões semanais tipo maratona de duas horas, em que pode ser gasto mais tempo discutindo sobre coisas passadas do que em problemas e objetivos presentes, encontros breves – porém frequentes podem desbloquear o que cada um pensa. Essa dinâmica oferece a necessária infusão de novas ideias e reduz o sentimento de isolamento e distância das pessoas, e, ao mesmo tempo, permite que elas rapidamente retornem às suas cavernas para realizarem o trabalho focadas.

Criando Condições Para os Grupos Conectados

Uma vez decidido reunir o seu pessoal em grupos, é provável que você precise de mais coordenação do que aquela de uma "feira livre". Pode ser que você esteja gerenciando equipes que não conseguem dividir rapidamente o trabalho em tarefas individuais e simplesmente se retirem para suas cavernas. Nesses casos, o seu desafio é criar um grupo que pense e trabalhe como uma unidade organizada.

O "time olímpico dos pesadelos", assim como os "times dos sonhos", enfrentaram exatamente esse desafio. Muito embora os jogadores fossem, individualmente, a *crème de la crème*, durante a maior parte do ano, eles jogavam separadamente, competindo pelas suas equipes da NBA. Eles treinavam por horas e horas com os mesmos companheiros de equipe e haviam desenvolvido um conhecimento tácito sobre o estilo de jogo e habilidades de cada um, além de como coordenar a interação. Como uma equipe de estrelas recém-unidas, o "time dos pesadelos" não havia obtido o conhecimento necessário para trabalhar em conjunto, de modo que todos os esforços investidos em formar um conjunto foram desperdiçados.

O pesquisador Sandy Pentland observou que quando as pessoas explicam como os grupos se amalgamam e conseguem uma sinergia, normalmente elas se baseiam em conceitos ilusórios como "o grupo se deu bem logo de cara" ou, então, "houve uma euforia geral". Pentland procurou dar respostas que fossem mais precisas e quantificáveis. Os dados por ele recolhidos através de crachás eletrônicos demonstraram que os grupos que se uniam exibiam energia (medida na forma de frequentes trocas, inclusive conversas e sinais não verbais como aprovação com a cabeça durante as interações), engajamento (distribuição de energia entre os membros da equipe de modo a existirem contribuições relativamente iguais de cada um deles em vez de conglomerados de pessoas que não participam) e exploração (trocas que iam além da caixa de ressonância do grupo).

Em vez de ficar à parte esperando a mágica acontecer, iremos descrever agora uma série de ferramentas para ativamente construir o tecido conectivo entre as pessoas de modo a elas pensarem e agirem como um grupo produtivo e coerente.[29]

Como Ser Persuasivo

Uma etapa fundamental na construção de um tecido conectivo de uma equipe de sucesso é criar uma linguagem comum. O trabalho de Leigh com a pesquisadora Taya Cohen estabeleceu que, ao simples fato de se falar sobre os processos de grupo, os indivíduos tomam consciência daquilo que estão realizando juntos bem como o papel de cada um dentro do grupo.[30]

A *metacognição*, ou pensar sobre pensar, não precisa ser complicada. De fato, é possível melhorar o desempenho de um grupo simplesmente falando sobre como o grupo funciona. Em um estudo, a pesquisadora Anita Wooley criou uma tarefa experimental em que eram dadas aos grupos uma série de dicas, e eles tinham que usá-las para desmantelar um hipotético ataque terrorista. Em uma dada situação, ela se ofereceu a intervir. Ela começou a identificar os talentos únicos que cada um tinha e, em seguida, pediu a eles para discutirem como administrar esses talentos.[31] Como próximo passo, receberam uma planilha que delineava os passos do exercício de planejamento. As equipes também assistiam a um vídeo que as orientava sobre cada passo. Em seguida, pediu-se aos membros da equipe para revisarem coletivamente os tipos de evidências por eles fornecidos, para avaliarem as habilidades de cada membro e sua relação com os tipos de análises envolvidas. Depois, planejarem a metodologia para a sua análise, possibilitando a eles integrar informações e estruturar o problema de forma mais eficaz, além de apresentar um melhor desempenho do que aqueles que não tiveram a oportunidade de pensarem como iriam coordenar suas habilidades.

Pelo fato de poderem entender o *expertise* dos demais membros da equipe, tiveram condições de criar ganhos nos processos através da sinergia. Eis como funciona a criação de sinergia: os grupos precisam reconhecer o *expertise* único de cada pessoa. Se cada membro de um grupo puder contribuir com aquilo que mais conhece (e permitir que o mesmo aconteça com os demais), o produto coletivo será superior ao que cada indivíduo produziria isoladamente.

No Capítulo 5, observamos que um membro recém-chegado à equipe cria um influxo de novas ideias. A disrupção também provoca uma reação interna no grupo. Mais especificamente, seus membros refletem espontaneamente sobre como o time opera, funcionando como uma espécie de doutrinação ou educação. De fato, o processo de desenvolvimento de equipe começa com o período crítico de socialização.[32] Quando os membros de uma equipe se afastam um pouco daquilo que estão fazendo no momento e descrevem *como* operam, eles se tornam conscientes e observadores. Esta cognição é precursora da ação coordenada.[33]

Quando trabalhamos com empresas, rotineiramente perguntamos ao grupo como eles tomam decisões em coletivo. Temos observado dois tipos de resultados consistentes. Primeiramente, os membros do grupo têm visões diferentes de como fazem as coisas. Em segundo lugar, eles não se dão conta de que possuem pontos de vista diferentes. Um exemplo que vem ao caso foi quando recentemente trabalhamos com uma empresa de alta tecnologia que empregava tanto engenheiros como pessoal de vendas e *marketing*. Quando perguntamos ao grupo como eles tomavam decisões, os engenheiros reclamaram: "muitas vezes tomamos uma decisão sem termos evidências e nem sempre fazemos as perguntas certas". Já os vendedores tinham uma visão completamente diferente sobre o processo coletivo de tomada de decisão e expressaram sua frustração por serem obstaculizados por centenas de relatórios, uma montanha de dados e informações supérfluas. No final do dia, tendo sido exposto às discordâncias, o grupo chegou a um plano mutuamente acordado para tomada de decisão coletiva.

Cada uma destas intervenções melhora o desempenho do grupo ao estimular a metacognição de todos – pensar na maneira como estão pensando e trabalhando. Porém, embora a compreensão individual da dinâmica da equipe possa melhorar o desempenho, é o comportamento *interpessoal* entre os seus membros que, em última instância, determina o sucesso ou não de uma equipe.

Traduzindo Palavras em Feitos

Em algumas situações, a maneira de coordenar uma equipe pode ser a diferença entre vida e morte. Suponha que você precise montar uma equipe cirúrgica para uma operação importante. Qual das equipes abaixo você escolheria?

a. Uma equipe de médicos treinados em faculdades de primeira linha apoiados por enfermeiras e técnicos altamente qualificados.
b. Uma equipe formada por profissionais que já tenham realizado frequentemente operações juntos.
c. Uma equipe formada pelos médicos, enfermeiras e técnicos mais experientes.

Por mais mundano que isto possa parecer, a opção *b* revela ser o melhor fator de predição se a cirurgia será um sucesso ou um fracasso. Um estudo no Carnegie Mellon Hospital constatou que o resultado de cirurgias para colocação de próteses de joelho e bacia poderia ser totalmente previsto pelo número de vezes que a equipe cirúrgica havia trabalhado junta na sala operatória.[34] De modo similar, acidentes em minas de carvão foram associados com o número de vezes que os mineiros haviam trabalhado juntos.[35] E um estudo de panes e desastres aéreos revelaram que a experiência da equipe era quatro vezes mais importante do que a fadiga do piloto na previsão de acidentes.[36]

Por que trabalhar juntos como uma equipe importa? A razão reside nos modelos mentais da equipe. Quando as conexões físicas e mentais de um músico se juntam enquanto ele toca, é criada literalmente uma sinfonia neural, acionando várias áreas do cérebro ao mesmo tempo.[37] Da mesma forma, uma equipe especializada cria uma sinfonia neural – não apenas dentro de cada indivíduo, mas também entre eles, já que adquirem prática de trabalhar em equipe.[38] O significado específico disso é que eles adquirem ricos modelos mentais que permitem a eles rapidamente (e sem falar uma só palavra) reconhecerem quem sabe o que.

Consideremos um experimento em que as equipes tinham que montar rádio-transmissores AM a partir de *kits*. A tarefa não era difícil, mas envolvia seguir cuidadosamente um detalhado manual de instruções. Algumas das equipes foram treinadas como um grupo e outras treinadas individualmente. No dia seguinte, os pesquisadores retiraram seus manuais de instruções e pediram às equipes para remontarem os rádios. As equipes que haviam trabalhado juntas no dia anterior foram capazes de remontar seus rádios baseando-se em comunicação e dicas tácitas, o sistema de memória transacional que haviam criado no dia anterior. Entretanto, as equipes que eram compostas por membros que haviam sido treinados individualmente no dia anterior não foram capazes de reconstruir seus aparelhos, muito embora cada um de seus membros tenha recebido a mesma quantidade de treinamento. Estes não foram bem-sucedidos por faltar a eles um modelo mental coletivo e não terem construído um sistema implícito como equipe.[39] Embora seus membros possam ser especializados e terem bons conhecimentos, educar indivíduos *como um grupo* fornece o conhecimento coletivo implícito que ajuda as equipes a se tornarem mais do que a simples soma de seus componentes.

Isso sem dizer que é preciso usar a mesma velha equipe seguidamente – o Capítulo 5 já descreveu o poder de infundir as equipes com novos membros e ideias. Mas em vez de começar uma equipe da estaca zero, reconheça as relações e processos de trabalho já existentes usando alguns membros familiares capazes de criar uma base para uma ação mais coordenada.

Do Conflito à Coesão

Por definição, os "supergrupos" são compostos por *superstars*, deixando de lado o elenco de apoio deles. Quando os gerentes montam supergrupos, em geral partem do pressuposto que apenas as estrelas por si só são responsáveis pelo próprio sucesso. Porém, sem os elencos de apoio que ajudam (e desafiam) os *superstars*, jamais estes últimos teriam chegado aonde chegaram.

Um elenco de apoio possibilita as complementaridades. De forma contrastante, os supergrupos inadvertidamente maximizam interferências ruidosas. Ou seja, juntar *superstars* (com cada um deles querendo os holofotes sobre si) diminui a eficácia de cada membro e, consequentemente, do grupo como um todo. Simplesmente dizer às estrelas: "agora comecem trabalhar juntas", ignora a competição natural entre elas já que negociam um mesmo lugar de *status* hierárquico – conforme já visto na Armadilha do Vencedor. Mesmo que não esteja liderando um supergrupo, ainda assim ele poderá ter *primadonnas* acostumadas a tratamento de estrela.

O conflito é o último efeito de interferência, em que as pessoas competem ativamente com seus companheiros em vez de prepararem o palco para o sucesso de todos. Conforme Sandeep aprendeu muito bem, as coalizões – grupos de pessoas dentro de uma equipe que se alinham para atingir um objetivo ou bloquear um resultado – representam um perigo particular para a coesão de um grupo.[40]

Os Quatro Sintomas do Conflito Improdutivo

O psicólogo de casais John Gottman possui um talento único: ele é capaz de observar um casal interagindo apenas por alguns minutos para prever com um acerto de 90% se aquele casamento irá durar ou resultará em divórcio. Qual o seu segredo? Seria ele um adivinho? O Dr. Gottman e seus colegas identificaram quatro dinâmicas corrosivas que se encontram no âmago de todas as relações ruins.[41] Eles chamam essas sequências devastadoras de "os quatro cavaleiros do apocalipse". Os cavaleiros também cavalgam dinâmicas interpessoais e em equipe, trazendo dor sem nenhum ganho. Diferentemente dos conflitos de tarefas que não o tornam mais inteligente ou mais forte, eles o deixam mais zangado e mais frustrado à medida que eles viram uma espiral sugadora de energia. Os quatro cavaleiros são:

- **Criticismo**: afirmações críticas acusam a outra pessoa e a tacham como sendo o problema (lembre-se dos erros de atribuição fundamental do Capítulo 2: "Liza, você sempre é difícil e inflexível".) Em vez de enquadrar o criticismo na forma de responsabilização do outro, use afirmações em *primeira* pessoa que foquem nas suas percepções da situação ("tenho observado que você não gostou disso quando lhe propus estes reparos técnicos de curto prazo. Podemos conversar sobre o motivo de tal?").

- **Jogar na defensiva:** pessoas defensivas respondem ao ataque rechaçando a acusação e fazendo o papel de vítima ("sabe, Roberto, você é quem deveria estar informando melhor os usuários sobre os recursos do produto".) O antídoto para esta sequência venenosa é aceitar parte da responsabilidade pelo problema.

- **Desprezo:** este terceiro cavaleiro é o mais devastador, estando associado a 95% dos divórcios. Basicamente, está implícito que você é melhor ou mais inteligente do que o seu parceiro. Um marido está olhando para a sua esposa como se ela fosse uma sortuda de tê-lo como marido? Uma esposa demonstra um olhar de impaciência, suspirando e simplesmente parecendo desgostosa? Ao analisar essas microexpressões ou comportamentos em uma fração de segundos, Gottman consegue fazer seu prognóstico. Em equipes, uma espiral crescente de desprezo pode ser observada nos olhares de impaciência, bem como no sarcasmo, no olhar desviado, quem sabe, ficar mexendo no *smartphone* quando outros estão falando. O antídoto envolve romper normas desrespeitosas e reconstruir interações em torno de uma apreciação mútua.

- **Obstrucionismo ou ignorar o outro:** é o resultado final de todos os demais comportamentos. Depois de repetidas críticas, jogar na defensiva e desprezar é um prelúdio para um estado final em que as pessoas perdem as esperanças na capacidade de conversar sobre problemas de uma maneira civilizada. O antídoto é se acalmar, dar um tempo e, em última instância, encontrar uma maneira de trabalhar as principais questões.

Embora um casamento possa estar bem distante de sua cabeça quando gerencia suas equipes, os mesmos padrões aparecem nos grupos do ambiente de trabalho. Ao procurar esses padrões, pergunte: quais são os gatilhos? Quem instiga as críticas? Quem fica na defensiva em respostas? E quem está totalmente alheio aos diálogos?

Portanto, em vez de ficar preso às mesmas conversas fúteis por meses ou anos, interrompa tais sequências com a sequência alternativa de ação proposta pelo Dr. Gottman. Sandeep observou que um pequeno número de argumentos específicos era recorrente em sua equipe levando consistentemente a uma perda de tempo. A dinâmica era invariavelmente disparada quando um grupo percebia que o outro estava fazendo "acusações" contra ele. Assim que notar esse gatilho, em vez de ser sugado em dispêndios, quebre a sequência. Por exemplo, quando a sequência de acusações se iniciar e o grupo começar a entrar em uma espiral de conflito, Sandeep simplesmente assumia sua parte de responsabilidade pelo problema. E quando as lideranças das duas partes de forma recíproca aceitarem assumir parte da responsabilidade também, a dinâmica usual era refreada. Ao reconhecer os quatro padrões de escalada de discórdia, é possível guiar as conversações para direções mais produtivas. Isso é mais fácil de ser dito do que realizado, porém a alternativa é ficar preso a uma espiral crescente de conflito e desperdício.

O Efeito Excêntrico

Finalmente, vamos pensar além das sequências interpessoais do conflito para reconhecer os padrões grupais. Quem sabe existam quatro pessoas em seu grupo e não importa qual seja o assunto, as mesmas pessoas se alinham de cada lado e postergam a tomada de decisão. Todo dia você se depara com a mesma conversa circular e desperdiçadora em que nada é feito. Consequentemente, você desperdiça milhares de dólares em caras excursões para criação de um espírito de equipe, apenas para voltar na segunda-feira de manhã e observar a velha dinâmica. Na posição de líder, como quebrar tal dinâmica?

Em geral, os gestores ficam preocupados em aperfeiçoar as complexidades sutis da dinâmica de grupo e podem acabar menosprezando uma métrica muito simples capaz de fazer uma grande diferença: o número de pessoas na equipe. Mais especificamente, o número de pessoas é par ou ímpar? À primeira vista isso poderia parecer irrelevante. Contudo, o efeito "ímpar-par" pode afetar dramaticamente a coesão do grupo e a tomada de decisão coletiva. Os estudos de Tanya com a pesquisadora Kathy Philips demonstrou que as coalizões em grupos com um número ímpar de participantes têm maior probabilidade de travarem conversas mais conciliadoras e menor probabilidade de adotar posições inflexíveis. Colocado de forma simples, os grupos com número ímpar são mais coesos do que grupos com tamanho par.[42]

Essa conclusão pode parecer contraintuitiva. Afinal de contas, quando as pessoas pensam em grupos de três, elas imaginam dois medrosos *versus* um dinâmico, em que uma pessoa é deixada de fora. De fato, indivíduos em nossos estudos observaram que geralmente preferem números pares justamente por serem equilibrados e simétricos, ao passo que um número ímpar seria aguçado e primo! Portanto, por que grupos de tamanho ímpar seriam mais coesos?

Ironicamente, o desequilíbrio inerente aos grupos com número ímpar cria mais coesão. Embora grupos com número ímpar de membros possam se subdividir em coalizões igualmente poderosas, os grupos com número ímpar encorajam seus membros a tomarem decisões conclusivas. Se as pessoas sabem que o resultado da maioria dos votos produzirá um ganhador e um vencedor e que não poderá ocorrer um empate, elas trabalham mais para mobilizar os demais dentro do grupo. Ao contrário, membros de grupos de tamanho par podem se conformar com uma indecisão contínua.

Como a visão de ímpar-par ajuda os gerentes a estruturarem o trabalho? Quando se lidera um grupo empatado, mude a estrutura de coalizão acrescentando alguns membros novos – ou, se o grupo já for muito grande, eliminando alguns. Quando Sandeep acrescentou um pequeno número de membros independentes à sua equipe, ele observou que cada coalizão, inicialmente, fez um "teatrinho" para os novos membros na esperança de dominar o lado adversário. Contudo, no final das contas, ficou claro que eles não conseguiriam atrair os novos membros sendo extremistas, intransigentes e polarizadores. Portanto, ambos os lados gravitavam em torno do centro e os novos membros ajudaram a aproximar as partes anteriormente incompatíveis.

Lei de Parkinson

Uma vez que tenha coordenado os membros de sua equipe no sentido de pensarem e agirem como um time, desafie-os a trabalharem mais rápido! Independentemente de conhecer ou não a Lei de Parkinson, provavelmente você a vivencia quase todos os dias. Ela afirma que o trabalho se expande para preencher o tempo disponível para ele.[43] Embora isso possa parecer um aforismo popular, a Lei de Parkinson foi validada empiricamente: em um experimento, foi atribuída uma tarefa a três grupos. Para o primeiro deles, foi dado um prazo de uma hora para terminá-la; para o segundo, duas horas; e, finalmente, para o terceiro, três horas. O achado desencorajante (porém, não surpreendente) foi que todos os três grupos realizaram praticamente o mesmo volume de trabalho. Eles simplesmente trabalharam em um ritmo determinado pela quantidade de tempo disponível![44] Portanto toda vez que você sentir como se uma reunião de uma hora pudesse ter durado apenas quinze minutos, provavelmente, você estava certo.

Examinando esse fenômeno mais a fundo, emerge um interessante padrão: os grupos tendem a ter um desempenho ineficiente até a metade do tempo que lhes foi alocado. Portanto, eles engrenam e finalizam o trabalho bem próximos do prazo.[45]

Uma forma de escapar do "efeito da décima primeira hora" é definir um prazo antes do verdadeiro prazo, tempo em que todos os membros irão chegar a um mútuo entendimento. Depois, use o restante do tempo para melhorar o resultado. Em negociações, o processo pode agregar 25% mais de valor à decisão coletiva. Consequentemente, se estiver fazendo um negócio de US$ 100.000, será possível agregar um valor de US$ 25.000 a mais!

Da próxima vez que for agendar uma reunião, tente reduzir o tempo a ela destinado e veja o quão eficiente sua equipe pode ser. Gestores da IDEO, por exemplo, deram apenas duas horas para três equipes de projeto desenharem uma nova baia de escritório. Certamente, eles poderiam ter alocado duas semanas, porém, em apenas duas horas, os grupos ainda alcançaram avanços significativos e começaram a compartilhar ideias e a fazer maquetes. O resultado foi uma nova baia composta de blocos móveis de modo que a pessoa pudesse personalizar seu espaço de trabalho.[46]

Além de reduzir o prazo de suas reuniões, sempre que possível, meça os resultados de cada uma delas. Em geral, os gestores organizam reuniões fora da empresa para facilitar o *brainstorming* ou contratam especialistas para mediar os encontros. Depois de um longo dia de discussões ininterruptas, temos uma sensação de um trabalho árduo realizado. Mas faça uma pergunta a si mesmo:

quantas das ideias geradas nessas reuniões foram colocadas em prática nas duas semanas seguintes? As ideias tendem a ser esquecidas caso não sejam colocadas em práticas em duas semanas. Pense na última reunião realizada fora da empresa. Quantas ideias foram realmente colocadas em prática?

Conclusão

A Armadilha da Macrogestão diz respeito ao desperdício resultante quando os gestores partem do pressuposto que pessoas trabalhando juntas em uma organização cheia de recursos irão descobrir as coisas por conta própria e trabalharão de forma produtiva e livre de conflitos. Em uma tentativa de ser encorajador e dar espaço para seus subordinados crescerem, se desenvolverem e gerarem novas ideias, eles se tornam demasiadamente passivos e as equipes se desagregam. Um grupo que se imaginava um "time dos sonhos" se torna um pesadelo, desperdiçando tempo, dinheiro e o próprio potencial da equipe durante o processo.

Um grande trabalho de equipe e de colaboração não diz respeito a controlar os subordinados nem lhes delegar responsabilidades e ficar esperando que elas, espontaneamente, façam mágica juntas. Trata-se de criar as estruturas corretas para coordenar seu pessoal e eliminar efeitos de interferência entre eles. Seja através da criação de exercícios não estruturados para dar vazão a ideias melhores, da alternância estratégica entre trabalho individual e em grupo ou ajudar este a dialogar durante seus processos e a superar conflitos passados, você irá melhorar o desempenho de sua equipe por meio de suas escolhas gerenciais. Escapar da Armadilha da Macrogestão não diz respeito a se tornar um microgestor, mas, sim, de fornecer a coordenação necessária para transformar estrelas individuais em um verdadeiro supertime.

CAPÍTULO 7

De Problemas Atrozes a Soluções Factíveis

Ao longo deste livro, exploramos as armadilhas de gastos em que os gestores podem cair à medida que tentam cumprir suas missões. Quando presos a essas armadilhas espinhosas, os gestores não conseguem progredir em seus objetivos. Eles ficam tentando enviar e receber sinais, mas enfrentam a interferência de ruídos em vez de transmissão clara. Investem tempo, dinheiro e energia em soluções, mas acabam perdendo a conexão entre seus recursos e os resultados obtidos. Quando gestores enfrentam "ação sem tração", eles se encontram em uma zona de frustração máxima.

As armadilhas são particularmente insidiosas, pois, ironicamente, em geral, são resultantes de capacidades e pontos fortes que serviram tão bem indivíduos bem-sucedidos no passado. Os mesmos talentos que possibilitam aos gestores se sobrepujarem em tantas situações diferentes também colocam em ação essas armadilhas de despesas e frustram até mesmo aqueles líderes mais talentosos e motivados. Portanto, uma ideia simples está no âmago deste livro: para subjugar problemas atrozes e resolver os mais difíceis, líderes e gestores precisam domesticar seus próprios talentos. Quando os gestores deixam de gastar e começam a gerir, eles não apenas poupam tempo e dinheiro dando tração às suas ações ou até mesmo eliminando o desperdício corporativo muitas vezes invisível, mas também descobrem o seu próprio valor sem limites.

O verdadeiro desafio vai além do reconhecimento das armadilhas e, pelo contrário, envolve dar início a uma estratégia para escapar delas. O primeiro passo é identificar os lugares críticos onde a maior parte dos recursos é investida sem a geração de resultados desejados e esperados.

Começando

Dê uma olhada novamente na planilha de Desperdício Diário que você preencheu no Capítulo 1. Quais áreas eram as mais custosas? Contratação de funcionários inadequados? Funcionários desmotivados? Resolução de conflitos? Sendo mais objetivo: seus esforços nessas áreas estão produzindo os resultados esperados? Em caso negativo, por que não? Ou pense nas suas reuniões semanais, diárias ou a cada hora. Para cada hora de reunião, quais são os resultados obtidos? Você vê oportunidades de estabelecer processos e regras básicas específicas em reuniões que permitam a você aproveitar melhor o valor de seu pessoal e de equipes?

À medida que for pensando sobre cada uma destas áreas (contratação de pessoal, dar inspiração a eles, bem como a administração de equipes, reuniões e conflitos) pense nas armadilhas que podem estar impedindo-o de obter ganhos com base nos esforços e investimentos feitos. Seria a Armadilha do *Expertise*, em que os indivíduos criam soluções tomando como base a experiência passada, evitando novas abordagens que talvez pudessem ser mais promissoras? Ou seria a Armadilha do Vencedor, em que as pessoas perdem oportunidades de aprender e colaborar por estarem muito focadas em ganhos pessoais? Ou você caiu na Armadilha da Concordância, em que os indivíduos evitam verbalizar informações cruciais que poderiam impedir a dinâmica contenciosa de uma equipe? Você está tendo muita dificuldade para ajudar o seu pessoal a interagir devido à Armadilha da Comunicação em que eles ficam sobrecarregados com ruído? Ou você vê a marca da Armadilha da Gestão em que os gestores ficam esperando que seus subordinados se empoderem e resolvam as coisas sozinhos, mas isso simplesmente não está acontecendo?

As armadilhas de despesas que descrevemos aqui e os conselhos que demos não se destinam a criticar a forma como os gestores trabalham com seus funcionários, clientes e superiores. Pelo contrário, a intenção é alargar os repertórios de ação dos gestores e acrescentar alguns "tacos a mais à sacola de golfe". De fato, muitos dos gestores com quem trabalhamos têm as soluções à disposição embora estas talvez não sejam tão óbvias assim. Entre as melhores práticas estão fazer perguntas específicas, projetos a serem implementados e experimentos para testar possíveis soluções. A Tabela 7-1 oferece uma recapitulação de algumas destas práticas – a maioria das quais não deveria custar nada a não ser uma mudança refletida em termos de perspectivas e planejamento.

TABELA 7-1

Armadilhas de despesas e suas soluções

Armadilha de despesas	Soluções para escapar da armadilha
Armadilha do *Expertise*	• Teste sua intuição criando testes de ratificação. • Colete dados de experiências passadas e analise as razões do sucesso ou fracasso. • Pergunte a si mesmo diferentes tipos de "por que...?" antes de criar uma história causal. • Em vez de se fixar em soluções específicas, use a planilha para a descoberta de problemas a fim de obter uma definição completa do problema.
Armadilha do Vencedor	• Esclareça as linhas de cooperação e de concorrência no trabalho. • Vá além dos benefícios financeiros para premiar bom desempenho e considere recursos intangíveis que poderiam ser atrativos. • Use o poder da publicidade para revelar o "eu" social e trabalhar melhor. • Ajude os vencedores a se tornarem "desistentes" melhores enfatizando os ganhos provenientes dessa renúncia.

(Continua)

TABELA 7-1

Armadilhas de despesas e suas soluções **(Continuação)**

Armadilha de despesas	Soluções para escapar da armadilha
Armadilha da Concordância	• Enfrente os estereótipos sobre si mesmo. • Negocie alinhando seu argumento com suas prioridades. • Explique por que você está falando de algo negativo de modo a controlar os processos de racionalização das pessoas. • Sinta-se à vontade em falar de algo negativo em vez de amenizá-lo com elogios. • Encoraje o conflito produtivo.
Armadilha da Comunicação	• Mude seus percursos dentro do escritório para encorajar encontros casuais entre as pessoas. •Ative a diversidade já presente em sua rede de contatos. • Silencie o ruído com a busca disciplinada de informações. • Desconecte para criar espaços onde as pessoas possam se focar.
Armadilha da Macrogestão	• Crie procedimentos e regras básicas para coordenação estruturada. • Chegue a um equilíbrio entre trabalho independente e colaboração em grupo. • Crie o tecido conectivo entre os membros do grupo conversando sobre os processos coletivos e treinando seu pessoal. • Identifique sequências típicas de conflito improdutivo e elimine-as através da criação de novos padrões de interação.

Superando Obstáculos

Todos nós sabemos que os problemas mais desafiadores e atrozes não podem ser colocados na mesma categoria dos demais com soluções rápidas e fáceis. Mesmo com novas estratégias e a melhor das intenções, é muito fácil nos depararmos com obstáculos como inércia e retrocessos e cairmos no processo de ação sem tração.

Lidando com a Inércia

Assim como as faculdades que formam nossos executivos, descobrimos que o único e maior desejo deles é que o aprendizado em sala de aula se transforme em resultados duradouros e que possam ser levados adiante. Durante nossas sessões de treinamento, a maioria dos gestores e líderes são cheios de energia, motivados e absolutamente resolutos em relação a virar o jogo. Depois duas coisas acontecem.

Primeiramente, eles retornam ao dia a dia de suas empresas e se veem diante de uma onda gigantesca de coisas para entregar, solicitações de reuniões e centenas de e-mails. O sentimento de empoderamento é extirpado quase que instantaneamente. As novas ideias caem na "lata de lixo" à medida que outros itens ganham prioridade.

Ou, pelo fato de os gestores em geral estarem lidando sozinhos com problemas de pessoal, falta a eles uma comunidade que lhes dê apoio. Frequentemente, a inércia prevalece e a motivação se esvai com as detalhadas notas e planos de ação. As boas intenções não se sustentam, pois não há nenhum grupo com quem levá-las adiante.

Em ambos os casos, a perspectiva de mudar o modo como você trabalha são intimidadoras. Mas não precisa ser desta forma. Para começo de conversa, escolha um pequeno pedaço do quebra-cabeça para resolver antes de mergulhar de cabeça. Se as pessoas não sabem o que fazer ou estão sobrecarregadas tentando fazer algo, elas cairão no vício novamente. Em vez disso, escolha *um* problema. Talvez você esteja sobrecarregado pela overdose de mensagens. Comece reservando (para você) uma hora por semana sem o uso de tecnologias e observe o resultado. Se isto ajudar na recuperação do seu foco e produtividade, expanda a política para o restante da sua equipe. Ou pegue alguma coisa para trabalhar durante a próxima reunião comandada por você. Por exemplo, caso queira gerar ideias, escolha uma única sessão para experimentar *brainwriting* em vez de *brainstorming*. Não é preciso mudar tudo de uma só vez para conseguir eliminar algumas armadilhas de despesas.

Para simplificar ainda mais a mudança de processos, revisite aquele capítulo que você acha que melhor descreve as armadilhas em sua organização no estado em que se encontra agora. Identifique uma armadilha ou uma situação com a qual queira trabalhar e faça com que ela seja sua meta do mês.

Vencendo a Inércia de sua Equipe

Por mais difícil que seja mudar sua própria metodologia, os desafios se multiplicam à medida que você introduz mudanças para seus subordinados. Pode ser que inicialmente os membros de sua equipe achem estranho criar testes de ratificação ou falar abertamente sobre comentários negativos a respeito de um colega (especialmente se este último ocupar um cargo mais alto dentro da hierarquia da empresa). Talvez eles se sintam hesitantes em cair de cabeça em novas formas de trabalhar que quebrem hábitos de longa data (tanto deles quanto seus também). Para encorajar e vencer a inércia de sua equipe, crie protocolos e procedimentos claros com eles de modo que eles tenham um investimento para ajudar o novo processo ser bem-sucedido.

Embora você demonstre confiança para a sua equipe numa nova forma de trabalhar, compartilhe também com eles quando as coisas não estiverem indo conforme o planejado. Como mencionado na discussão da Armadilha do Vencedor, a falha não deve ser estigmatizada. Se você tentar uma dada tática e ela não estiver funcionando bem para a sua equipe, seja franco a esse respeito, identifique o que está impedindo o progresso e adapte a sua abordagem.

Tais obstáculos são particularmente tratáveis, pois este livro evitou deliberadamente focar em grandes mudanças, demasiadamente ambiciosas. Em vez disso, procuramos identificar estratégias refinadas que você pode testar facilmente na sua equipe. Implementar uma pequena mudança e ajudar no sentido de fazê-la perdurar, acaba se tornando um hábito. Nas palavras de Mahatma Gandhi:

Suas crenças se tornam seus pensamentos,

Seus pensamentos se tornam suas palavras,

Suas palavras se tornam suas ações,

Suas ações se tornam seus hábitos,

Seus hábitos se tornam seus valores,

Seus valores se tornam o seu destino.[1]

O que parece ser uma modesta e minúscula mudança pode se tornar uma nova e poderosa maneira de liderar que transforma desperdício em valor e impacto significativo.

Retornemos ao caso Sandeep, que desesperadamente queria resolver o conflito e a falta de comunicação em sua equipe e que, finalmente, resolveu os problemas para os quais havia sido contratado. Percorrendo o seu processo, identificamos pontos em que ele resistiu a armadilhas importantes, restringiu gastos e encontrou soluções reais para os problemas.

A Jornada de Sandeep

Como você se lembra, Sandeep era um gestor bem-sucedido e de raciocínio rápido, com um comprovado histórico de excelência, e sua equipe era composta por vários especialistas de alto nível. Claramente, seu problema não era a falta de talentos ou intelecto, mesmo assim ele não estava obtendo os resultados necessários de seu desconjuntado grupo. Existia competição dentro e entre os grupos funcionais, já que seus membros lutavam por *status* e sofriam pressão para desenvolverem 150 novos produtos. Sandeep se deu conta que essas demandas eram coletivamente fora da realidade, mas nenhum subgrupo queria abrir mão de suas posições.

A reação instintiva de Sandeep foi a de persuadir a equipe indicando em que eles estavam errados – e ele já havia reunido uma longa lista de motivos racionais para convencê-los de que os planos deles não eram viáveis. Ou seja, ele avançava impetuosamente na direção das armadilhas de despesas.

Encontrando o Problema

Sandeep estava prestes a precipitar-se no sentido de sua definição do problema e impô-la para todo mundo, porém reconheceu a tempo que a Armadilha do *Expertise* estava atuando. Em vez de aceitar sua habitual percepção de quais eram os problemas, ele conduziu uma discussão no sentido de descobrir os problemas quanto à estratégia. Sandeep enumerou todas as áreas funcionais e suas localizações e pediu a cada membro da equipe para identificar os maiores problemas segundo a perspectiva de seu grupo funcional. Ele relembrou que eles se afastassem da tentação de propor soluções e sintetizassem os principais desafios.

Para facilitar essa discussão, Sandeep disse a todos que as respostas deles deveriam ser colocadas por escrito na forma de perguntas do tipo: "como podemos reduzir a linha de produtos?" ou "qual a forma mais efetiva de coletar dados sobre nossos produtos?". Depois de trinta minutos, a equipe havia colocado mais de quarenta perguntas. Sandeep pediu, então, a cada grupo funcional que ordenassem as perguntas – mais uma vez, sem se preocupar em encontrar soluções, mas, sim, em como definir e organizar os problemas. Uma vez classificadas as perguntas, Sandeep desafiou a equipe como um todo a dar um passo além e estudar a relação entre as perguntas. Elas vinham naturalmente uma antes da outra? A resolução de uma pergunta iria ajudar ou impedir o progresso de outra? Durante este período, Sandeep percebeu que os indivíduos (ao menos temporariamente) se afastaram de suas soluções pessoais preferidas e estavam considerando o problema tanto nos detalhes como na visão do todo: o objeto e seu contexto.

Não demorou muito e a equipe inteira havia delineado um esboço dos problemas potenciais. Assim como a planta de uma casa, agora eles eram capazes de visualizar quais problemas eram de base e quais poderiam ser resolvidos apenas depois que os primeiros fossem resolvidos. Eles concordaram sobre a forma como os problemas eram organizados e, mais importante ainda, em vez de derrubar argumentos, construíram e concordaram com um planejamento para ir adiante!

A equipe concluiu a discussão identificando todas as razões para que cada um de seus padrões pudesse estar errado e elaborou um plano para coletar dados que pudessem determinar se eles estavam presos a um sinal ou a um ruído.

Avaliar Opções Razoável e Abertamente

Sandeep sabia que existia mais de uma centena de possíveis novos projetos que a equipe poderia buscar – mas eles não tinham nenhum dado para justificar suas perspectivas de sucesso. Portanto, toda vez que havia conversas sobre quais projetos deveriam viver ou morrer, elas eram improdutivas e contenciosas, pois ou eram instintivas ou se deviam à persistência do defensor do projeto – uma característica fundamental da Armadilha do Vencedor. Sandeep compreendeu por que as reuniões e conversações ao longo de todo o ano estavam caminhando para lugar nenhum: elas haviam basicamente criado ruído em vez de sinais significativos. Consequentemente, Sandeep desafiou a equipe a criar uma metodologia clara e não tendenciosa por meio do uso de dados empíricos e metodologias experimentais a fim de testar a viabilidade de novos projetos. Ele tomou como base dados de lançamentos anteriores para verificar se, historicamente, havia algum fator impulsionador para o sucesso, do qual poderiam tirar proveito para que futuros lançamentos fizessem sentido.

Utilizando esses dados, colocou em gráfico vários projetos segundo uma matriz gastos-valor (Figura 7-1), revelando os investimentos passados em diferentes projetos. Em seguida, avaliou os retornos sobre os investimentos feitos, permanecendo fiel aos dados e deixando de lado os sentimentos dos membros da equipe sobre o projeto. Mas ele não empregou meramente um simples cálculo financeiro. Ele pensou além do valor financeiro de curto prazo, que os investimentos haviam gerado, e considerou os retornos em nível mais amplo em termos dos relacionamentos surgidos, da economia de tempo e dos benefícios no longo prazo. Ele foi capaz de estudar os projetos de maior sucesso e entender alguns dos fatores fundamentais que os levaram a ser bem-sucedidos. Também estudou os fracassos e as razões subjacentes para a equipe não ter sido capaz de atingir todo seu potencial.

FIGURA 7-1

Gráfico Gastos x Valor

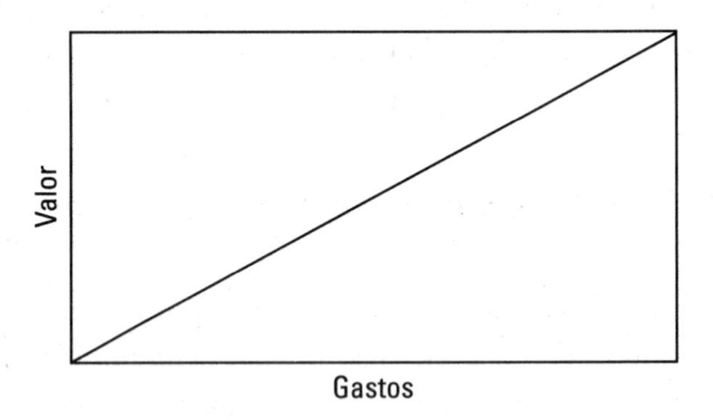

Os dados permitiram a Sandeep conduzir um diálogo menos emocional com a equipe. Eles usaram o gráfico *gastos* x *valor* para focar a discussão nas três perguntas a seguir.

- Onde estamos obtendo valor proporcional ao investimento feito? (Estes itens são colocados sobre a reta no gráfico)
- Onde estamos gastando e não obtendo nenhum valor? (Estes itens são colocados no gráfico abaixo da reta)
- Existem lugares onde gastamos muito pouco, mas, mesmo assim, geramos valor? (Estes itens são colocados acima da reta no gráfico)

As reuniões permitiram à equipe começar a ver algumas oportunidades novas bem como a pensar sobre alguns pontos em que decisões difíceis teriam que ser feitas. O gráfico *gastos* x *valor* revelou a verdade sobre um determinado projeto que era uma ideia "menina dos olhos" de um dos mais poderosos participantes. Era pouco provável que ele gerasse os resultados prometidos e precisava ser avaliado com cuidado. Sandeep sabia que os dominantes haviam investido pesadamente na sua "queridinha". Também sabia que a natureza política da discussão manteve o restante do grupo em silêncio. Nesse ponto, as Armadilhas do Vencedor e da Concordância ainda estavam à espreita nas discussões.

Ele lançou mão mais uma vez de suas fichas e pediu que a equipe apontasse nelas os pontos de desperdício e as contrapartidas de valor. Ele alertou a todos para manterem absoluto anonimato. Em seguida, recolheu todas as fichas para poder avaliar suas opiniões.

Muitos apontaram o projeto dos dominantes como um retardatário no gráfico *gastos* x *valor*. A partir disso, Sandeep levantou a questão diretamente e conseguiu escapar da Armadilha da Concordância.

Sandeep precisava ajudar o grupo a levantar as principais questões de forma desapaixonada e não defensiva. Decidiu, então, estimular o debate. Aleatoriamente, escolheu algumas pessoas para argumentar a favor e contra esse projeto em particular, o que significava que muitos dos dominantes teriam de fazer uma crítica honesta em relação à sua "menina dos olhos". Ao travarem essa difícil conversa, a equipe foi capaz de trazer à tona as graves preocupações em relação ao projeto.

O grupo decidiu elaborar um claro protocolo para avaliar o progresso dele ao longo dos três meses seguintes, e Sandeep foi capaz de estabelecer as bases para seu eventual abandono caso não estivesse atingindo as expectativas. No final, a equipe acabou usando essa metodologia para avaliar todos os projetos propostos.

Desmantelando os Redutos

Sandeep sentiu-se feliz por ter conseguido colocar na mesa a discussão sobre os projetos e, finalmente, fazer com que os membros da equipe trabalhassem entre si, não uns contra os outros. Mas, além do problema imediato, ele queria conseguir ideias novas e perspectivas para a sua equipe em vez de cair na Armadilha da Comunicação. Organizou, então, um "almoce e aprenda", reunindo uma amostra de pessoas diversas de toda a organização: áreas geográficas diferentes, vários níveis hierárquicos e diversas áreas funcionais.

Em vez de permitir que o grupo dividisse a mesa em suas costumeiras panelinhas, ao contrário, Sandeep designou os lugares à mesa para dividir os grupos de coalizão. Num primeiro momento, isso desagradou a alguns. Vários murmuravam: "desde quando temos lugares indicados para nos sentarmos à mesa?". Sendo que um deles chegou ao ponto de fazer um comentário sarcástico: "tá parecendo a turma de 5ª série da minha filha". Mas não demorou muito para as pessoas estarem batendo altos papos com quem jamais haviam escolhido por conta própria se sentar ao lado.

O grupo passou, então, para a parte "aprender" do evento. Sandeep e sua equipe tomaram notas sobre o que seus colegas espalhados por toda a organização aprenderam em seus próprios processos. Naturalmente, parte das ideias deles não seria aplicável na equipe de Sandeep. Mesmo assim, Sandeep anotou cinco novas e possivelmente promissoras ideias sobre as quais sua equipe jamais havia pensado em todas aquelas horas juntos na caixa de ressonância.

Avançando, Sandeep não queria perder essa infusão de novas perspectivas. Regularmente, ele convidava pessoas de outros setores a integrar sua equipe e designava equipes multifuncionais menores para discussões e projetos futuros.

Mantendo o Ímpeto

Sandeep havia criado aquela euforia e sinergia que todo líder de equipe sonha. Não era algo totalmente cordial e suave – também foram levantadas algumas questões contenciosas, mas sem conduzir a uma espiral de conflitos previsível. Houve momentos em que Sandeep pôde criar oportunidades inspiradoras que permitiu à equipe antever a possibilidade de serem líderes do setor. Ele sentiu que as pessoas estavam começando a ver umas às outras não como inimigas em um jogo de soma zero, mas, sim, como parceiras capazes de ajudar a criar algo cada vez maior.

Em vez de soltar as rédeas nesse ponto e cair na Armadilha da Macrogestão, Sandeep se deu conta que a momentânea manifestação de inspiração obtida com exercícios e diálogos não se traduziria necessariamente em mudanças de comportamento significativas. Ele poderia ter criado algum valor potencial, mas o verdadeiro desafio seria implementar e captar o valor a longo prazo. A fim de coordenar a execução da estratégia do grupo, Sandeep fez três perguntas-chave "para dar partida" e ajudá-los a traçar o processo de grupo:

- Qual é a nossa missão?
- Segundo quais normas operamos?
- Qual o papel de cada um?

Contudo, Sandeep rapidamente se deu conta sobre o desconforto causado ao grupo por essa introspecção. Portanto, ele pediu a cada membro que as respondesse por escrito e anonimamente nas famosas fichas. Ele conduziu o grupo por cada uma das perguntas de modo a estabelecer algumas regras básicas para o trabalho deles.

Além de discutirem a missão segundo uma perspectiva mais ampla, o grupo também se aprofundou em traçar suas metas específicas para progredirem. Embora o exercício de encontrar o problema feito anteriormente tivesse trazido à tona várias questões críticas, os membros do grupo optaram por selecionar apenas alguns itens de alta prioridade e focar neles de modo a não ficarem sobrecarregados nem perderem o ímpeto. Eles criaram um quadro com marcos para cada um desses itens, além de resultados mensuráveis a serem atingidos a cada estágio.

Também definiram o processo através do qual eles poderiam trabalhar melhor juntos ao longo dos seis meses seguintes. Demarcaram várias checagens em pontos-chave para decidir de modo que o processo simulasse o trabalho "isolado nas cavernas" (privado) e o "comunitário" (público). E, para criar o tecido conectivo necessário, definiram os pontos fortes e os interesses de cada membro da equipe, de modo a contribuírem com seus respectivos *expertises* críticos. Sandeep examinou o calendário e escolheu uma data em que cada membro da equipe relataria seus feitos.

Sandeep não sabia se havia realmente subjugado os problemas atrozes que criaram impedimentos para a sua equipe de tal modo a poder declarar vitória. Porém, tinha certeza de que não via apenas os problemas com pessoal, mas, pelo contrário, via as pessoas como principal recurso para solucioná-los.

Conclusão

Por mais atrozes que os problemas com pessoal possam ser, estes não precisam se transformar em armadilhas de despesas permanentes. As diretrizes e melhores práticas apresentadas neste livro se concentram no desenvolvimento de modelos mentais baseados em sinais, não em ruído, de modo a você poder reconquistar a conexão entre gerenciamento e suas consequências. Quando você para de gastar e começa a administrar, isso não apenas poupa dinheiro para a sua organização como lhe poupa (e a seus subordinados também) tempo, energia e frustração à medida que você descobre novos valores, que estavam ocultos todo esse tempo, em si próprio e nos seus colaboradores.

Notas

Capítulo 1

1. Todos os nomes de pessoas e empresas apresentados neste livro são totalmente fictícios.

2. Destes executivos, 60% eram americanos, 32% asiáticos, 5% europeus e o restante de outras regiões. Eles representam uma mostra representativa de diversos setores da indústria (17% – administração pública; 26% – setor de serviços; 12% – áreas financeira, de seguros e imobiliária; 7% – atacado e varejo; 6% – transporte e serviços de utilidade pública; 19% – indústria; 7% – construção; 6% – agricultura, mineração e silvicultura) e áreas funcionais (5% – finanças; 11% – *marketing*; 22% – área operacional; 25% – administração geral, 10% – vendas, 2% – recursos humanos, 25% – outros).

3. A somatória destes números ultrapassa os 100% pois os executivos poderiam assinalar todas aquelas que fossem relevantes caso suas empresas usassem mais de uma abordagem.

4. Churchman, C. W. "Wicked Problems". *Management Science*, v. 14, n. 4, 1997, B141-146.

5. Rittel, H. W. J.; WEBER, M. W. "Dilemmas in a General Theory of Planning". *Policy Science*, v. 4, 1973, p. 155-169. Vide também o excelente artigo de John C. Camillus sobre problemas atrozes na formulação de estratégias para estes e outros critérios na definição desse tipo de problema, "Strategy as a Wicked Problem", em Harvard Business Review (maio/2008).

6. Estes *insights* sobre os variados tipos de custos vieram à tona nos relatos dos executivos por nós entrevistados.

7. Clark, N. "The Airbus Saga: Crossed Wires and a Multibillion-Euro Delay". *New York Times*. Nova Iorque, 11 dez. 2006.

8. Ibidem.

9. Lawler, J. "The Real Cost of Workplace Conflict", *Entrepreneur*, 21 jun. 2010. Disponível em: https://www.entrepreneur.com/article/207196. Acesso em: 16 set. 2018.

10. Ver também: Pearson, Christine; Porath, Christine. *The Cost of Bad Behavior: How Incivility Is Damaging Your Business and What to Do About It.* New York: Portfolio, 2009.

11. Para uma análise refletida sobre como quantificar valores intangíveis nas empresas, vide: Hubbard, Douglas W. *How to Measure Anything*. New York: Wiley, 2014.

12. Cohen, M.D.; March, J. G.; Olsen, J. P. "A Garbage Can Model of Organizational Choice". *Administrative Science Quarterly*, v. 17, n. 1, 1972, p. 1-25.

13. KEMPTON, W. "Two Theories of Home Heat Control". *Cognitive Science*, v. 10, 1986, p. 75-90.

14. Nelson, L. W; MacarthuR, J. W. "Energy Savings Through Thermostat Setbacks". *ASHRE Transactions*, v. 83, n. 1, 1978, p. 319-333.

15. Levinthal, D. A; March, J. G. "The Myopia of Learning". *Strategic Management Journal*, v. 14, 1993, p. 95-112.

16. Kahneman, D.; Frederick, S. "Representativeness Revisited: Attribute Substitution in Intuitive Judgment", In: *Heuristics and Biases: The Psychology of lntuitive Judgment.* Ed. T. Gilovich, D. Griffin e D. Kahneman. New York: Cambridge University Press, 2002, p. 49-81.

17. O professor de estratégia Michael Leiblein nos ofereceu este exemplo.

18. Schneier, B. "Changing Passwords". *Schneier on Security*, 11 nov. 2010. Disponível em: https://www.schneier.com/blog/archives/2010/11/changing_passwo.html. Acesso em: 16 set. 2018.

19. Chase, W. G.; Simon, H. A. "Perception in Chess", *Cognitive Psychology*, v. 4, 1973, p. 55-81.

20. Wansink, B.; Painter, J. E.; North, J. "Why Visual Cues of Portion Size May Influence Intake". *Obesity Research*, v. 13, n. 1, 2005, p. 93-100.

21. Getzels, J. W. "Problem Finding: A Theoretical Note". *Cognitive Science*, v. 3, n. 2, 1979, p. 167-172.

22. Goncalo, J. A.; Staw, B. M. "Individualism-Collectivism and Group Creativity". *Organizational Behavior and Human Decision Processes*, 2006, p. 96-109.

23. Menon, T.; Thompson, L. "Don't Hate Me Because I'm Beautiful: Self-Enhancing Biases in Threat Appraisal". *Organizational Behavior and Human Decision Processes*, v. 104, n. 1, 2007, p. 45-60.

24. Edmondson, A. "Speaking Up in the Operating Room: How Team Leaders Promote Learning in Interdisciplinary Action Teams", *Journal of Management Studies*, v. 40, n. 6, 2003, p. 1419-1452.

25. Phillips, K. W.; Loyd, D. L. "When Surface and Deep-Level Diversity Collide: The Effects on Dissenting Group Members". *Organizational Behavior and Human Decision Processes*, v. 99, n. 2, 2006, p. 143-160.

26. Pfeffer, J.; Sutton, R. I. "The Smart Talk Trap". *Harvard BusinessReview*, May 1999.

27. McPherson, M.; Smith-Lovin, L.; Brashears, M. "The Ties That Bind Are Fraying". *Contexts*, v. 7, n. 3, 2008, p. 32-36.

28. Atkins, N. "40% of Staff Time Is Wasted on Reading Internal Emails". *The Guardian,* 17 dez. 2012. Disponível em: https://www.theguardian.com/housing-network/2012/dec/17/ban-staff-email--halton-housing-trust. Acesso em: 16 set. 2018.

29. Goldenberg, J.; Levy, M. "Distance Is Not Dead: Social lnteraction e Geographical Distance in the Internet Era". *Computers and Society*, v. 2, 2009, p. 1-22.

30. Lewin, K.; Lippitt, R.; White, R. K. "Patterns of aggressive behavior in experimentally created 'social climates'". *Journal of Social Psychology*, v. 10, 1939, p. 271-299.

31. Thompson, L.; Cohen, T. R. "Metacognition in Teams and Organizations". In: *Social Metacognition: Frontiers of Social Psychology*. Ed. P. Brinol e K. DeMarree. New York: Psychology Press, 2012.

32. Moreland; R. L. Argote, L.; Krishnan, R. "Training People to Work in Groups". In: *Theory and Research on Small Groups,* ed. R. S. Tindale et al. New York: Plenum Press, 1998.

Capítulo 2

1. Simon, H. "A Behavioral Model of Rational Choice", *Quarterly Journal of Economics*, v. 69, 1955, p. 99-118.

2. Winter, M. "Timeline Details Missteps with Ebola Patient Who Died". *USA Today*, 18 out. 2014. Disponível em: http://www.usatoday.com/story/news/nation/2014/10/17/ebola-duncan-congress-timeline/17456825/. Acesso em: 25 set. 2018.

3. Getzels, J. W. "Problem Finding: A Theoretical Note". *Cognitive Science*, v. 3, n. 2, 1979, p. 167-172.

4. Whitson, J. A.; Galinsky, A. D. "Lacking Control Increases Illusory Pattern Perception". *Science*, v. 322, n. 5898, 2008, p. 115-117.

5. Wang, C.; Whitson, J.; Menon, T. "Culture and Pattern Perception: American and East Asian Faith in Horoscopes". *Social Psychological and Personality Science*, v. 3, 2012, p. 630-638.

6. O caracter B (mà) compreende o radical para "mãe" na parte inferior e os dois quadrados acima representam o radical para boca.

7. Rivera, L. *Pedigree: How Elite Students Get Elite Jobs*. Princeton, NJ: Princeton University Press, 2015.

8. Sundberg, J. "What Is the True Cost of Hiring a Bad Employee?" *Undercover Recruiter*. Disponível em: <http:/theundercoverrecruiter.com/infographic-what-cost-hiring-wrong-employee/>. Acesso em: 25 set. 2018.

9. Pfeffer, J.; Sutton, R. I. "Evidence-Based Management". *Harvard Business Review*. jan. 2006. Disponível em: https://hbr.org/2006/01/evidence-based-management. Acesso em: 25 set, 2018 .

10. Wason, P. "On the Failure to Eliminate Hypotheses in a Conceptual Task". *Quarterly Journal of Experimental Psychology*, v. 12, n. 3, 1960, p. 129-140.

11. Nickerson, R. S. "Confirmation Bias: A Ubiquitous Phenomenon in Many Guises". *Review of General Psychology*, v. 2, n. 2, jun. 1998, p. 175-200.

12. Snyder, M.; Tanke, E. D.; Berscheid, E. "Social Perception and Interpersonal Behavior: On the Self-Fulfilling Nature of Social Stereotypes". *Journal of Experimental Social Psychology*, v. 35, 1977, p. 656-666.

13. Snyder, M.; Swann Jr., W. B. "Hypothesis Testing Processes in Social Interaction", *Journal of Personality and Social Psychology*, v. 36, 1978, p. 1202-1212.

14. I. Bohnet, I.; Van Geen, A.; Bazerman, M. "When Performance Trumps Gender Bias: Joint versus Separate Evaluation". *Management Science*. (no prelo).

15. Goldin, C.; Rouse, C. "Orchestrating Impartiality: The Impact of 'Blind' Auditions on Female Musicians". *American Economic Review*, v. 90, n. 4, 2000, p. 715-741.

16. Dana, J.; Dawes, R. M.; Peterson, N. "Belief in the Unstructured Interview: The Persistence of an Illusion". *Judgment and Decision Making*, v. 8 2013, p. 512-520.

17. Pfeffer, J.; Sutton, R. I. "The Smart-Talk Trap". *Harvard Business Review,* ma.-jun. 1999.

18. Dawes, R. "The Robust Beauty of Improper Linear Models in Decision Making". *American Psychologist*, v. 34, 1979, p. 571-582.

19. Pluchino, A.; Garofalo, C.; Rapisarda, A.; Spagano, S.; Caserta, M. "Accidental Politicians: How Randomly Selected Legislators Can Improve Parliament Efficiency". *Physica A*, v. 390, n. 21-22, out. 2011, p. 3944-3954.

20. Morris, M.; Peng, K. "Culture and Cause: American and Chinese Attributions for Social and Physical Events". *Journal of Personality and Social Psychology*, v. 67, n. 6, 1994, p. 949-971.

21. Menon, T. et al. "Blazing the Trail versus Trailing the Group: Culture and Perceptions of the Leader's Position". *Organizational Behavior and Human Decision Processes*, v. 113, 2010, p. 551-561.

22. Masuda, T. et al. "Culture and Aesthetic Preference: Comparing the Attention to Context of East Asians and Americans". *Personality and Social Psychology Bulletin*, v. 34, o. 9, 2008 p. 1260-1275.

23. Ross, L. "The Intuitive Psychologist and His Shortcomings: Distortions in the Attribution Process". In: *Advances in Experimental Social Psychology*. Ed. L. Berkowitz. Orlando, FL: Academic Press, 1977, v. 10, p. 173-220.

24. Kelley, H. H.; Michela, J. L. "Attribution Theory and Research". *Annual Review of Psychology*, v. 31, n. 1, 1980, p. 457-501.

25. Weiner, B. *An Attributional Theory of Motivation and Emotion*. New York: Springer, 1986.

26. Klimaski, R. J.; Ash, R. A. "Accountability and Negotiation Behavior". *Organizational Behavior and Human Performance*, v. 11, n. 3, 1974, p. 409-425.

27. Menon, T. et al. "Culture and the Construal of Agency: Attribution to Individual versus Group Dispositions", *Journal of Personality and Social Psychology*, v. 76, 1999, p. 701-717.

28. UNICEF. *Fact Sheet: Malaria, A Global Crisis,* August 27, 2004. Disponível em: www.unicef.org/media/media_20475.html. Acesso em: 25 set. 2018.

29. Macinnis, L. "Preventing Malaria Deaths to Cost $5 Billion a Year" *Reuters*, 25 set. 2008.

30. "Malaria-Fighting 'Faso Soap' Wins Global Social Venture Competition Grand Prize, People's Choice Award". Disponível em: http://blumcenter.berkeley.edu/news-posts/faso-soap/. Acesso em: 25 set. 2018.

31. Duncker, K. "On Problem Solving". *Psychological Monographs*, v. 58, n. 5, 1945, p. i-113.

32. Clements, D.H. "Teaching and Learning Geometry". In: *Research Companion to Principles and Standards for School Mathematics*. Ed. J. Kilpatrick, W.G. Martin e D. Schifter. Reston, VA: National Council of Teachers of Mathematics, 2003, p. 151-178.

Capítulo 3

1. Keim, B. "Taking Traffic Control Lessons-from Ants". *Wired*, 2009. Disponível em: http://www.wired.com/2009/02/anttraffic/. Acesso em: 25 set. 2018.

2. Associated Press. "Study: Self-Driving Cars Would Eliminate Majority of Traffic Deaths, Congestion", 23 out. 2013. Disponível em: https://washington.cbslocal.com/2013/10/23/study-self-driving-cars-would-eliminate-majority-of-traffic-deaths-congestion/. Acesso em: 25 set. 2018.

3. Goncalo, J. A.; Staw, B. M. "Individualism-Collectivism and Group Creativity". *Organizational Behavior and Human Decision Processes*, v. 100, 2006, p. 96-109.

4. Menon, T.; Blount, S. "The Messenger Bias: A Relational Model of Knowledge Variation". *Research in Organizational Behavior*, v. 25, 2003, p. 137-186.

5. Menon, T.; Pfeffer, J. "Valuing Internal versus External Knowledge: Explaining the Preference for Outsiders". *Management Science*, v. 49, 2003, p. 497-513.

6. Menon, T.; Thompson, L.; Choi, H. "Tainted Knowledge versus Tempting Knowledge: Why

People Avoid Knowledge from Internal Rivals and Seek Knowledge from External Rivals". *Management Science*, v. 52, 2006 p. 1129-1144.

7. Menon, T.; Sheldon, O. J.; Galinsky, A. D. "Barriers to Transforming Hostile Relations: Why Friendly Gestures Can Backfire". *Negotiation and Conflict Management Research*, v. 7, 2014, p. 17-37.

8. Veja o excelente livro de Adam Galinsky e Maurice Schweitzer, *Friend and Foe* (New York: Crown Business, 2015), sobre como lidar com situações competitivas e cooperativas.

9. Menon e Pfeffer, "Valuing Internal versus External Knowledge".

10. Kerr, S. "On the Folly of Rewarding A, While Hoping for B". *Academy of Management Executive*, v. 9, n. 1, 1995, p. 7-14.

11. Disponível em: http://profootballtalk.nbcsports.com/2010/11/09/terrell-owens-on-pace-to--reach-every-contract-incentive/. Acesso em: 25 set. 2018.

12. Gibson, T. "How NFL Contracts Are Helping NFL Players but Hurting Their Teams". *Washington Post*, 15 jan. 2014. Disponível em: www.washingtonpost.com/news/monkey-cage/wp/2014/01/15/how-nfl-contracts-are-helping-nfl-players-but-hurting-their-teams/. Acesso em: 25 set. 2018.

13. Menon, T.; Thompson, L. "Envy at Work". *Harvard Business Review*, abr. 2010.

14. Hedges, K. "If You Think Leadership Development Is a Waste of Time, You May Be Right". *Forbes*, 23 set. 2014. Disponível em: http://www.forbes.com/sites/work-in-progress/2014/09/23/if-you-think-leadershipdevelopment-is-a-waste-of-time-you-may-be-right/#660a3b8c5dcc. Acesso em: 25 set. 2018.

15. Davenport, T.; Prusak, L. "Know What You Know". *CIO*, 26 mar. 1998.

16. Kilduff, G. J.; Elfenbein, H. A.; Staw, B. M. "The Psychology of Rivalry: A Relationally-Dependent Analysis of Competition". *Academy of Management Journal*, v. 53, 2010, p. 943-969.

17. Duffy, M. K. et al. "A Social Context Model of Envy and Social Undermining". *Academy of Management Journal*, v. 55, n. 3, 2012, p. 643-666.

18. Tesser, A. "Toward a Self-Evaluation Maintenance Model of Social Behavior". *Advances in Experimental Social Psychology*, v. 21, 1988, p. 181-227.

19. Steele, C. M. "The Psychology of Self-Affirmation: Sustaining the Integrity of the Self". *Advances in Experimental Social Psychology*, v. 21, 1988, p. 261-302.

20. Menon, Thompson e Choi, "Tainted Knowledge versus Tempting Knowledge."

21. Heath, C. "On the Social Psychology of Agency Relationships: Lay Theories of Motivation Over-Emphasize Extrinsic Rewards". *Organizational Behavior and Human Decision Processes*, v. 78, n. 1, 1999, p. 25-62.

22. Uriel e Edna Foa desenvolveram esta estrutura (U.G. Foa e E.B. Foa, *Society Structures of the Mind*, Springfield: Thomas, 1974) e Cohen e Bradford desenvolveram um conjunto ainda mais amplo de outros recursos além do dinheiro: "suas moedas de troca" (A.R. Cohen e D.L. Bradford, *Influence without Authority*, New Jersey: Wiley & Sons, 2005).

23. Ibidem.

24. Ibidem.

25. Vohs, K. D.; Mead, N. L.; Goode, M. R. "The Psychological Consequences of Money". *Science*, v. 314, n. 5802, 2006, p. 1154-1156.

26. DeVoe, S. E.; House, J. "Time, Money, and Happiness: How Does Putting a Price on Time Affect Our Ability to Smell the Roses?". *Journal of Experimental Social Psychology*, v. 48, n. 2, 2012, p. 466-474.

27. DeVoe, S. E.; Pfeffer, J. "The Stingy Hour: How Accounting for Time Affects Volunteering". *Personality and Social Psychology Bulletin*, v. 36, n. 4, 2009, p. 470-483.

28. Porter, J. "Observations from a Tipless Restaurant, Part 1: Overview", *Jay Porter*, 25 jul. 2013. Disponível em: http://jayporter.com/observations-from-a-tipless-restaurant-part-1-overview/. Acesso em: 25 set. 2018.

29. Grant, A. M. "Does Intrinsic Motivation Fuel the Prosocial Fire? Motivational Synergy in Predicting Persistence, Performance, and Productivity". *Journal of Applied Psychology*, v. 93, n. 1, 2008, p. 48-56.

30. Loewenstein, G.; Thompson, L.; Bazerman, M. "Social Utility and Decision Making in Interpersonal Contexts". *Journal of Personality and Social Psychology*, v. 57, 1989, p. 426-441.

31. Messick, D. M.; Sentis, K. P. "Fairness and Preference". *Journal of Experimental Social Psychology*, v. 15, 1979, p. 418-434.

32. Ross, M.; Sicoly, F. "Egocentric Biases in Availability and Attribution". *Journal of Personality and Social Psychology*, v. 37, 1979, p. 322-336.

33. Rousseau, D. M. "Psychological and Implied Contracts in Organizations". *Employee Responsibilities and Rights Journal*, v. 2, 1989, p. 121-139.

34. Shea, C.; Menon, T. "How Networks Make Liars and Liars Make Networks: Reciprocal Causation between Ethical Norm Violation and Network Activation". The Ohio State University Fisher College of Business, 2016. (*working paper*).

35. Miron-Spektor, E. et al. "Others' Anger Makes People Work Harder Not Smarter: The Effect of Observing Anger and Sarcasm on Creative and Analytic Thinking". *Journal of Applied Psychology*, v. 96, n. 5, 2011, p. 1065-1075.

36. Haidt, J. *The Righteous Mind: Why Good People Are Divided by Politics and Religion*, New York: Pantheon, 2012.

37. Chowdhury, D.; Nishinari, K.; Schadschneider, N. "Self-Organized Patterns and Traffic Flow in Colonies of Organisms: From Bacteria and Social Insects to Vertebrates". *Phase Transitions*, v. 77, 2004, p. 601-624.

38. Staw, B. M. "Knee-Deep in the Big Muddy: A Study of Escalating Commitment to a Chosen Course of Action". *Organizational Behavior and Human Performance*, v. 16, n. 1, 1976, p. 27-44.

39. Ibidem.

40. Takeuchi, H.; Nonaka, I. "The New New Product Development

Game". *Harvard Business Review*, jan. 1986, p. 285-305.

41. Schwaber, K.; Sutherland, J. *Software in 30 Days: Haw Agile Managers Beat the Odds, Delight Their Customers, and Leave Competitors in the Dust*. Hoboken, NJ: Wiley, 2012.

42. Este exemplo foi extraído de http://www.dvorak.org/blog/whatever-happened-to-the-ibm-stretch-computer/. Acesso em: 25 set. 2018.

43. Dillon, R. L.; Tinsley, C. H. "How Near-Misses Influence Decision Making under Risk: A Missed Opportunity for Learning". *Management Science*, v. 54, n. 8, 2008, p. 1425-1440.

Capítulo 4

1. "Doctor Who Cut Off Wrong Leg Is Defended by Colleagues". *New York Times*, 17 set. 1995. Disponível em: http://www.nytimes.com/1995/09/17/us/doctor-who-cut-off-wrong-leg-is-defended-by-colleagues.html. Acesso em: 25 set. 2018; Jauregui, A. "Man Gets Accidental Vasectomy after Doc-

tors Operate on 'Wrong Site'". *Huffington Post*, 6 maio 2014. Disponível em: http://www.huffingtonpost.com/2014/05/06/accidental-vasectomy-wrong-site _n_5273865.html. Acesso em: 25 set. 2018.

2. Boodman, S. G. "The Pain of Wrong Site Surgery". *Washington Post*, 20 jun. 2011. Dsponível em: https://www.washingtonpost.com/national/the-pain-of-wrong-site-surgery/2011/06/07/AGK3uL-dH_story.html. Acesso em: 25 set. 2018.

3. "Trail of Errors Led to 3 Wrong Brain Surgeries". *NBC News*, 14 dez. 2007. Disponível em: http://www.nbcnews.com/id/22263412/ns/health-health-care/t/trail-errors-led-wrong-brain-surgeries/. Acesso em: 25 set. 2018.

4. Boodman, "The Pain of Wrong Site Surgery".

5. Morrison, E. W.; Milliken, F. J. "Organizational Silence: A Barrier to Change and Development in a Pluralistic World". *Academy of Management Review*, v. 25, n. 4, 2000, p. 706-725.

6. Merkel, R. "Where Were the Whistleblowers in the Volkswagen Emissions Scandal?". *The Conversation*, 29 set. 2015. Disponível em: http://theconversation.com/where-were-the-whistleblowers-in-the--volkswagen-emissions-scandal-48249. Acesso em: 25 set. 2018 .

7. Plungis, J.; Hull, D. "VW's Emissions Cheating Found by Clean-Air Group". *Bloomberg Business*, 19 set. 2015. Disponível em: http://www.bloomberg.com/news/articles/2015 –09-19/volkswagen-emissions-cheating-found-by-curious-clean-air-group. Acesso em: 25 set. 2018.

8. Higgins, T.; Summers, N. "GM Recalls: How General Motors Silenced a Whistle-Blower". *Bloomberg Business*, 18 jun. 2014. Diponível em: http://www.bloomberg.com/bw/articles/2014-06-18/gm-recalls-whistle-blower-was-ignored-mary-barra-faces-congress. Acesso em: 25 set. 2018.

9. "GM Agrees $900m Settlement for Faulty Ignition Switches", *BBC*, 17 set. 2015. Disponível em: http://www.bbc.com/news/business-34276419. Acesso em: 25 set. 2018.

10. Milliken, F. J.; Morrison, E. W. "Shades of Silence: Emerging Themes and Future Directions for Research on Silence in Organizations". *Journal of Management Studies*, v. 40, n. 6, 2003, p. 1563-1568.

11. De Dreu, C. K. W.; Weingart, L. R. "Task versus Relationship Conflict, Team Performance, and Team Member Satisfaction: A MetaAnalysis". *Journal of Applied Psychology*, v. 88, n. 4, 2003, p. 741-749.

12. Rousseau, D. M. "Psychological and Implied Contracts in Organizations". *Employee Responsibilities and Rights Journal*, v. 2, 1989, p. 121-139.

13. Milliken; Morrison, "Shades of Silence".

14. Detert, J. R.; Edmondson, A. C. "Implicit Voice Theories: Taken-for-Granted Rules of Self-Censorship at Work". *Academy of Management Journal*, v. 54, n. 3, jun. 2011, p. 461-488.

15. Harber, K. D.; Stofford, R.; Kennedy, K. "The Positive Feedback Bias as a Response to Self- Image Threat". *British Journal of Social Psychology*. (no prelo).

16. De Dreu, C. K.; Weingart, L. R. "Task versus Relationship Conflict, Team Performance, and Team Member Satisfaction". *J Appl Psychol*, v. 88, n. 4, Aug. 2003, p. 741-9.

17. Whelan, C. "Why Smart Men Marry Smart Women". *ABC News*, 2006.

18. Ibidem.

19. Shippy, S. "Why Do People Who Went to Harvard Sometimes Say 'I Went to School in Boston'. When Asked Where They Went to College?". [comentário no fórum da Quora.com]. 10 set. 2010.

20. Menon, T.; Thompson, L. "Don't Hate Me Because I'm Beautiful: Self-Enhancing Biases in Threat Appraisal". *Organizatianal Behavior and Human Decision Processes*, v. 104, n. 1, 2007, p. 45-60.

21. Amanatullah, E. T.; Morris, M. W.; Curhan, J. R. "Negotiators Who Give Too Much: Unmitigated Communion, Relational Anxieties, and Economic Costs in Distributive and Integrative Bargaining". *Journal of Personality and Social Psychology*, v. 95, n. 3, 2008, p. 723-738.

22. Menon, T.; Thompson, L. "Don't Hate Me Because I'm Beautiful: Self-Enhancing Biases in Threat Appraisal". *Organizatianal Behavior and Human Decision Processes*, v. 104, n. 1, 2007, p. 45-60.

23. Kalev, A.; Dobbin, F.; Kelly, E. "Best Practices or Best Guesses? Assessing the Efficacy of Corporate Affirmative Action and Diversity Policies". *American Sociological Review*. v. 71, 2006, p. 589-617.

24. Apfelbaum, E.; Sommers, S. E.; Norton, M. I. "Seeing Race and Seeming Racist? Evaluating Strategic Colorblindness in Social Interaction". *Journal of Personality and Social Psychology*, v. 95, n. 4, 2008, p. 918-932.

25. Plaut, v. C.; Markus, H. R. *Basically We're All The Same? Models of Diversity and the Dilemma of Difference*. University California, Berkeley, 2007. (manuscrito não publicado).

26. Curhan, J. R. "Why It Pays to Build Relationships". *Program on Negotiation at Harvard Law School*, 6 set. 2011. Disponível em: http://www.pon.harvard.edu/daily/why-it-pays-to-build-relationships/. Acesso em: 25 set. 2018.

27. Fry, W. R.; Firestone, I. J.; Williams, D. L. "Negotiation Process and Outcome of Stranger Dyads e Dating Couples: Do Lovers Lose?". *Basic and Applied Social Psychology* v. 4, n. 1, 1983, p. 1-16.

28. Curhan, J. R. et al. "Relational Accommodation in Negotiation: Effects of Egalitarianism and Gender on Economic Efficiency and Relational Capital". *Organizational Behavior and Human Decision Processes*, v. 107, 2008, p. 192-205.

29. Krauss, R. M.; Fussell, S. R. "Social Psychological Models of Interpersonal Communication". In: *Social Psychology: A Handbook of Basic Principles*. Ed. E.T. Higging and A. Kruglanski. New York: Guilford, 2006, p. 655-701.

30. McGinn, K. L. "Relationships and Negotiations in Context". In: *Frontiers of Social Psychology: Negotiation Theory and Research*. Ed. L. Thompson. New York: Psychological Press, 2006, p. 129-144.

31. Gneezy, U.; Leonard, K. L.; List, J. A. "Gender Differences in Competition: Evidence from a Matrilineal and a Patriarchal Society". *Econometrica*, 2009, p. 1637-1664.

32. Judge, T. A.; Livingston, B. A.; Hurst, C. "Do Nice Guys ¾ and Gals ¾ Really Finish Last? The Joint Effects of Sex and Agreeableness on Income". *Journal of Personality and Social Psychology*, v. 102, 2012, p. 390-407.

33. Babcock, L. et al. "Nice Girls Don't Ask". *Harvard Business Review*, out. 2003.

34. Flynn, F. J. "What Have You Done For Me Lately? Temporal Adjustments To Favor Evaluations". *Organizational Behavior and Human Decision Processes*, v. 91, n. 1, 2003, p. 38-50.

35. Kray, L. J.; Galinsky, A. D. "Reversing the Gender Gap in Negotiations: An Exploration of Stereotype Regeneration" *Organizational Behavior and Human Decision Processes*, v. 87, 2002, p. 386-410.

36. Bowles, H. R.; Babcock, L.; McGinn, K. L. "Constraints e Triggers: Situational Mechanics of Gender in Negotiation". *Journal of Personality and Social Psychology*, v. 89, 2005, p. 951-965.

37. Fisher, R.; Ury, W. *Getting to Yes: Negotiating Agreement without Giving In*. Boston: Houghton Mifflin, 1992.

38. Galinsky, A. D. et al. "Why It Pays to Get Inside the Head of Your Opponent: The Differential Effects of Perspective Taking and Empathy in Negotiations". *Psychological Science*, v. 19, n. 4, 2008, p. 378-384.

39. Gagliano, R. "Gloria Steinem's Guide to Maneuvering around Misogyny. The Dinner Party Download, 6 nov. 2015. Disponível em: http://www.dinnerpartydownload.org/gloria-steinem/. Acesso em: 25 set. 2018.

40. Thompson, L. "Information Exchange in Negotiation", *Journal of Experimental Social Psychology*, v. 27, n. 2, 1991, p. 161-179.

41. Medvec, V. H.; Galinsky, A. D. "Putting More on the Table: How Making Multiple Offers Can Increase the Final Value of the Deal", *Harvard Business School Negotiation Newsletter*, abr/2005.

42. Thompson, L. "Information Exchange in Negotiation". *Journal of Experimental Social Psychology*, v. 27, n. 2, 1991, p. 161-179.

43. Becker, A. L. "Checklists, Teamwork Minimizing Mistakes in Medicine". *The CT Mirror*, 28 mai. 2012. Disponível em: http://ctmirror.org/2012/05/28/checklists-teamwork-minimizing-mistakes--medicine/. Acesso em: 25 set. 2018 .

44. Ibidem.

45. "Quality-in-Action at Mayo Clinic". *Mayo Magazine*. Spring 2008. Disponível em: http://www.mayoclinic.org/documents/mc2386-sp08-pdf/doc-20078987. Acesso em: 25 set. 2018.

46. Cialdini, R. B. *Influence: The Psychology of Persuasion*. New York: Harper Business, 2006.

47. Folkes, V. S. "Recent Attribution Research in Consumer Behavior: A Review and New Directions". *Journal of Consumer Research*, v. 14, n. 4, 1988, p. 548-565; Skowronski, J. J.; Carlson, D. E. "Negativity and Extremity Biases in Impression Formation: A Review of Explanations". *Psychological Bulletin*, v. 109, 1989, p. 131-142.

48. Phillips, K. W. "How Diversity Makes Us Smarter". *Scientific American*, 16 set. 2014. Disponível em: http://www.scientificamerican.com/article/how-diversity-makes-us-smarter/. Acesso em: 25 set. 2018 .

49. Koch, P.; Koch, B.; Menon, T.; Shenkar, O. "Complementary vs. Conflicting: Cultural Friction in Leadership Beliefs and Chinese Joint Venture Survival". *Journal of International Business Studies*. (no prelo).

50. Roberto, M. "Cutting Your Losses: How to Avoid the Sunk Cost Trap". *Ivey Business Journal*, 2009. Disponível em: http://iveybusinessjournal.com/publication/cutting-your-losses-how-to-avoid--the-sunk-cost-trap/. Acesso em: 25 set. 2018.

Capítulo 5

1. Klump, G. M; Gerhardt, H. C. "Mechanisms and Function of Call-Timing in Male-Male Interactions in Frogs". In: *Playback and Studies of Animal Communication*. Ed. P.K. McGregor. New York: Plenum, 1992, p. 153-174.

2. Wiley, R. H. "Signal Detection and Animal Communication". *Advances in the Study of Behavior*, v. 36, 2006, p. 217-247.

3. Cohen, M. D.; March, J. G.; Olsen, J. P. "A Garbage Can Model of Organizational Choice". *Administrative Science Quarterly*, v. 17, n. 1, 1972, p. 1-25.

4. Burg, N. "How Technology Has Changed Workplace Communication". *Forbes*, 10 dez. 2013. Disponível em: http://www.forbes.com/sites/unify/2013/12/10/how-technology-has-changed-workplace-communication/#503aecda45 62. Acesso em: 25 set. 2018.

5. Manyika, J.; Chui, M.; Sarrazin, H. "Social Media's Productivity Payoff". *Harvard Business Review*, 21 ago. 2012. Disponível em: https://hbr.org/2012/08/social-medias-productivity-pay/. Acesso em: 25 set. 2018.

6. Elsbach, K.; Cable, D. "Why Showing Your Face at Work Matters". *Sloan Management Review*, 19 jun. 2012. Disponível em: https://sloanreview.mit.edu/article/why-showing-your-face-at-work-matters/. Acesso em: 25 set. 2018; T.L. Dumas, K.W. Phillips e N.P. Rothbard, "Getting Closer at the Company Party: Integration Experiences, Racial Dissimilarity and Workplace Relationships", *Organization Science* 24 (2013): 1377-1401.

7. Diamond, M. L. "What's the Biggest Distraction at Work? Co-Workers". *Asbury Park Press*, 10 jul. 2014. Disponível em: https://www.app.com/story/money/business/inthemoney/2014/07/10/whats-the--biggest-distraction-at-work-co-workers/12473573/. Acesso em: 25 set. 2018.

8. Granovetter, M. S. "The Strength of Weak Ties". *American Journal of Sociology*, v. 78, 1973, p. 1360-1380.

9. Burt, R.S. *Structural Holes: The Social Structure of Competition*. Cambridge, MA: Harvard University Press, 1992.

10. Smith, E. B.; Menon, T.; Thompson, L. "High and Low Status Groups Activate Different Network Structures Under Job Threat". *Organization Science*, v. 23, 2012, p. 67-82.

11. Burt, R.S. *Structural Holes: The Social Structure of Competition*. Cambridge, MA: Harvard University Press, 1992.

12. Burt, R. S. *Brokerage and Closure*. New York: Oxford University Press, 2005.

13. Grandjean, M. "Social network analysis and visualization: Moreno's Sociograms revisited", blog de Martin Grandjean, 16 mar. 2015. Disponível em: www.martingrandjean.ch/social-network-analysis--visualization-morenos-sociograms-revisited/. Acesso em: 25 set. 2018.

14. Moreno, J. L. *Who Shall Survive? A New Approach to the Problem of Human Interrelations*. In: Freeman, L. C. "Visualizing Social Networks". *Journal of Social Sciences*, v. 1, 2000, p. 4. Disponível em: http://www.cmu.edu/joss/content/articles/volume1/Freeman.html. Acesso em: 25 set. 2018.

15. Adaptado de J. Cook, "Cosponsorship Networks in the U.S. Senate as of March 1, 2009", *Irregular Times*.

16. Tett, G. *The Silo Effect: The Peril of Expertise and the Promise of Breaking Down Barriers*. New York: Simon and Schuster, 2015.

17. Burt, R.S. "Structural Holes and Good Ideas". *American Journal of Sociology*, v. 110, n. 2, 2004, p. 349-399.

18. Ibidem.

19. Ibidem.

20. Burt, R. S. *Neighbor Networks: Competitive Advantage Local and Personal.* New York: Oxford University Press, 2009.

21. Uzzi, B.; Dunlap, S. "How to Build Your Network". *Harvard Business Review*, December 2005, p. 53-60.

22. Marmaros, D.; Sacerdote, B. "How Do Friendships Form?" *The Quarterly Journal of Economics*, v. 121, n. 1, 2006, p. 79-119.

23. "Visualizing Friendships: The World According to Facebook", *Fox News*, Dec. 14, 2010. Disponível em: http://www.foxnews.com/tech/2010/12/14/visualizing-friendships-world-according-facebook.html. Acesso em: 25 set. 2018.

24. Chakravarti, A.; Menon, T.; Winship, C. "Contact and Group Structure: A Natural Experiment of Interracial College Roommate Groups". *Organizational Science*, v. 25, n. 4, 2014, p. 1216-1233.

25. Pendant, A. "The New Science of Building Great Teams". *Harvard Business Review,* abr. 2012.

Disponível em: https://hbr.org/2012/04/the-new-science-of-building-great-teams. Acesso em: 25 set. 2018.

26. Choi, H-S.; Thompson, L. "Old Wine in a New Botde: Impact of Membership Change on Group Creativity". *Organizational Behavior and Human Decision Processes*, v. 98, n. 2, 2005, 121-132.

27. Lount, R.B.; Phillips, K. W. "Working Harder with the Out-Group: The Impact of Social Category Diversity on Motivation Gains" *Organizational Behavior and Human Decision Processes*, v. 103, n. 2, 2007, p. 214-224.

28. Smith, E. B.; Menon, T.; Thompson, L. "High and Low Status Groups Activate Different Network Structures Under Job Threat". *Organization Science*, v. 23, 2012, p. 67-82.

29. Shea, C. et al. "The Affective Antecedents of Cognitive Network Activation". *Social Networks*, v. 43, 2015, p. 91-99.

30. Gigone, D.; Hastie, R. "The Common Knowledge Effect: Information Sharing and Group Judgment". *Journal of Personality and Social Psychology*, v. 65, n. 5, 1993, p. 959-774.

31. Christensen, C. et al. "Decision Making of Clinical Teams: Communication Patterns and Diagnostic Error". *Medical Decision Making*, v. 20, 2000, p. 45-50.

32. Paulus, P. B.; Yang, H. C. "Idea Generation in Groups: A Basis for Creativity in Organizations". *Organizational Behavior and Human Decision Processes*, v. 82, 2000, p. 76-87, doi: 10.1006/obhd.2000.2888.

33. Salas, E. et al. "The Science of Training and Development in Organizations: What Matters in Practice". *Psychological Science in the Public Interest*, v. 13, n. 2, 2012, p. 74-101.

34. Burt, R. *Brokerage and Closure*. Disponível em: https://faculty.chicagobooth.edu/ronald.Burt/research/files/B&C_Introduction.pdf. Acesso em: 25 set. 2018.

35. "7 Truths Behind the 'Real' Work-Life Balance". *Employee Benefit News*, Sept. 2, 2015. Disponível em: https://www.benefitnews.com/slideshow/7-truths-behind-the-real-work-life-balance?slide=5. Acesso em: 25 set. 2018.

36. Hansen, M. T.; Haas, M. R. "Competing for Attention in Knowledge Markets: Electronic Document Dissemination in a Management Consulting Company". *Administrative Science Quarterly*, v. 46, n. 1, 2001, p. 1-28.

37. Camerer, C. "Individual Decision Making". In: *Handbook of Experimental Economics*. Ed. J. Kagel and A. Roth. Princeton, NJ: Princeton University Press, 1995; Zweck, R.; Lee, C-C. "Bargaining and Search: An Experimental Study". *Group Decision and Negotiation*, v. 8, n. 6, 1999, p. 463-487.

38. Krulwich, R. "How to Marry the Right Girl: A Mathematical Solution". *Krulwich Wonders*, NPR.org, May 15, 2014. Disponível em: http://www.npr *.org/sections/krulwich/2014/05/15/312537965/how-to-* marry-the-right-girl-a-mathematical-solution. Acesso em: 25 set. 2018 .

39. Ibidem.

40. Mani, A. et al. "Poverty Impedes Cognitive Function". *Science*, v. 341, n. 6149, 2013, p. 976-980; Mullainathan, S.; Shofir, E. *Scarcity:* Why Having Too Little Means So Much, New York: Times Books, 2013.

41. Sullivan, B.; Thompson, H. "Brain, Interrupted". *New York Times*, May 3, 2013. Disponível em: http://www.nytimes.com/2013/05/05/opinion/sunday/a-focus-on-distraction.html. Acesso em: 25 set. 2018.

42. Hooten, C. "Our Attention Span Is Now Less Than That of a Goldfish, Microsoft Study Finds". *Independent*, May 13, 2015. Disponível em: http://www.independent.co.uk/news/science/our-attention-

-span-is-now-less-than-that-of-a-goldfish-microsoft-study-finds-10247553.html. Acesso em: 25 set. 2018.

43. Mueller, P. A.; Oppenheimer, D. M. "The Pen Is Mightier Than the Keyboard: Advantages of Longhand over Keyboard Notetaking'. *Psychological Science*, v. 25, 2014, p. 1159-1168.

44. Sovern, J. "Law Student Laptop Use During Class for Non-Class Purposes: Temptation v. Incentives". *University of Louisville Law Review*, v. 51, 2013, p. 483-534. Para uma discussão mais ampla sobre estes estudos, veja C. May, "A Learning Secret: Don't Take Notes with a Laptop", *Scientific American*, June 3, 2014. Disponível em: <https://www.scientificamerican.com/article/a-learning-secret-don-t-take--notes-with-a-laptop/>. Acesso em: 25 set. 2018.

45. Csikszentmihalyi, M. *Flow: The Psychology of Optimal Experience*. New York: Harper and Row, 1990.

Capítulo 6

1. "The Original Dream Team", *NBA Encyclopedia*. Disponível em: http://www.nba.com/history/dreamT_moments.html. Acesso em: 20 set. 2018.

2. Kimble, J. "Ten Years Later, Revisiting Team USA's Flop in the 2004 Olympics". *Triangle Offence*, 10 ago. 2014. Disponível em: https://www.complex.com/sports/2014/08/ten-years-later-revisiting--team-usas-flop-in-the-2004-olympics. Acesso em: 20 set. 2018.

3. Lowenstein, R. *When Genius Failed: The Rise e Fall of Long Term Capital Management*. New York: Random House, 2000.

4. Lewin, K.; Lippit, R.; White, R. K. "Patterns of Aggressive Behavior in Experimentally Created Social Climates". *Journal of Social Psychology*, v. 10, 1939, p. 271-301.

5. Johnson, D. "How Much Do Useless Meetings Cost?" *CBS Money Watch*, 16 feb. 2012. Disponível em: http://www.cbsnews.com/news/how-much-do-useless-meetings-cost/. Acesso em: 20 set. 2018.

6. Hansen, M. T. "The Search-Transfer Problem: The Role of Weak Ties in Sharing Knowledge Across Organization Subunits". *Administrative Science Quarterly*, v. 44, n. 1, 1999, p. 82-111. Veja também o livro de Morten Hansen sobre este assunto, *Collaboration: How Leaders Avoid the Traps, Build Common Ground, and Reap Big Results* (Boston, MA: Harvard Business Review Press, 2009) e o livro de Henrik Bresman e Deborah Ancona *X Teams: How to Build Teams That Lead, Innovate, and Succeed*. Boston, MA: Harvard Business Review Press, 2007.

7. Robertson, B. J. *Holacracy: The New Management System for a Rapidly Changing World*. New York: Henry Holt, 2015.

8. Snyder, B. "Holacracy and 3 of the most unusual management practices around". *Forbes*, 2 jun. 2015. Disponível em: http://fortune.com/2015/06/02/management-holacracy/. Acesso em: 20 set. 2018.

9. "Micromanaging in the Workplace", Accountemps. Comunicado de imprensa. Disponível em: http://accountemps.rhi.mediaroom.com/file.php/1597/Accountemps_Micromanaging_Infographic.jpg?utm_campaign=Press_Release&utmmedium=Link&utm_source=Press_Release . Acesso em: 20 set. 2018.

10. Magee, J. C.; Galinsky, A. D. "Social Hierarchy: The Self-Reinforcing Nature of Power and Status". *Academy of Management Annals* v. 2, 2008, p. 351-398.

11. Hackman, J. R; Wageman, R. "A Theory of Team Coaching". *Academy of Management Review* v. 30, n. 2, 2005, p. 269-287.

12. Laloux, F. *Reinventing Organizations*. Brussels, Belgium: Nelson Parker, 2014.

13. Steiner, I. D. *Group Processes and Productivity*. Waltham, MA: Academic Press, Inc., 1972.

14. Ringelmann, M. "Appareils de cultur mécanique avec treuils et cables (résultats d'essais)" (Mechanical tilling equipment with winches and cables [results of testsJ). *Annales de l'lnstitut National Agronomique*, 2e serie-tome XII (1913): 299-343; M. Ringelmann, "Recherches sur les moteurs animés: Travail de l'homme (Research on animate sources of power: The work of man), *Annales de l'lnstitut National Agronomique*, 2e serie-tome XII 1913, p. 1- 40.

15. Diehl, M. Stroebe, W. "Productivity Loss in Brainstorming Groups: Toward a Solution of a Riddle". *Journal of Personality and Social Psychology*, v. 53, n. 3, 1987, p. 497-509; Jablin, F. M. "Cultivating Imagination: Factors That Enhance and Inhibit Creativity in Brainstorming Groups". *Human Communication Research*, v. 7, n. 3, 1981, p. 245-258; Mullen, B.; Johnson, C.; E. Salas, E. "Productivity Loss in Brainstorming Groups: A Meta-Analytic Integration". *Basic and Applied Social Psychology*, v. 12, 1991, p. 3-23; Paulus P. B.; Dzindolet, M. T. "Social Influence Processes in Group Brainstorming". *Journal of Personality and Social Psychology*, v. 64, 1993, p. 575-586; Paulus, P. B.; Larey, T. S.; Ortega, A. H. "Performance and Perceptions of Brainstormers in an Organizational Setting". *Basic and Applied Social Psychology*, v. 17, 1995, p. 249-265. Taylor, D. W.; Berry, P. C.; Block, C. H. "Does Group Participation When Using Brainstorming Facilitate or Inhibit Creative Thinking?". *Administrative Science Quarterly*, v. 3, 1958, p. 23-47.

16. L. Thompson, *Creative Conspiracy* (Cambridge, MA: Harvard Business Review Press, 2013).

17. Nemeth, C. J.; Nemeth-Brown, B. "Better Than Individuals? The Potential Benefits of Dissent and Diversity for Group Creativity". In: *Group Creativity: lnnovation through Collaboration*. Ed. P. Paulus e B. Nijstad. Oxford: Oxford University Press, 2003, p. 63-84.

18. Janis, I. L. *Victims of Groupthink: A Psychological Study of Foreign Policy Decisions and Fiascoes*. Boston: Houghton Mifflin Company, 1972.

19. Paulus, P. B.; Yang, H. C. "Idea Generation in Groups: A Basis for Creativity in Organizations". *Organizational Behavior and Human Decision Processes*, v. 82, 2000, p. 76-87.

20. Rietzschel E. F.; Nijstad, B.; Stroebe, W. "Productivity Is Not Enough: A Comparison of Interactive and Nominal Brainstorming Groups on Idea Generation and Selection", *Journal of Experimental Social Psychology*, v. 44, 2006, p. 244-251.

21. Diehl, M.; Stroebe, W. "Productivity Loss in Idea-Generating Groups: Tracking Down the Blocking Effect". *Interpersonal Relations and Group Processes*, v. 61, n. 3, 1991, p. 392-403.

22. Surowiecki, J. *The Wisdom of Crowds*. New York, Doubleday, 2004.

23. Zeliadt, N. "Gaming the System: Video Gamers Help Researchers Untangle Protein Folding Problem". *Scientific American*, 4 ago. 2010. Disponível em: https://www.scientificamerican.com/article/gaming-the-system-video-gamers-help-researchers-untangle-protein-folding-problem/. Acesso em: 20 set. 2018. http://www.scientificamerican.com/article/gaming-the-system-videogamers-help-researchers-untangle-protein –folding-problem/.

24. Naqueles jogos em que os seres humanos tiveram um melhor desempenho, os cientistas observaram que os jogadores eram capazes de, rapidamente, ver o que estava errado e, em seguida, resolvê-lo. O que provocava dificuldades ao computador eram as soluções em que se exigia dos jogadores a reestruturação do problema de uma forma que faria com que eles perdessem pontos inicialmente. Veja Steiner, *Group Processes and Productivity.*

25. McCoffrey, T. "Why You Should Stop Brainstorming", *Harvard Business Review*, 24 mar. 2014. Disponível em: https://hbr.org/2014/03/why-you-should-stop-brainstorming. Acesso em: 20 set. 2018.26. DeMarco, T.; Lister, T. "Programmer Performance and the Effects of the Workplace". In:

ICSE'85 Proceedings of the 8th International Conference on Software Engineering. Los Alamitos, CA: IEEE Computer Society Press Los Alamitos, 1985, p. 268-272.

27. Cain, S. *Quiet: The Power of Introverts in a World That Can't Stop Talking.* New York: Crown Publishers, 2012.

28. Zajoncs, R. "Social Facilitation", *Science*, v. 149, n. 3681, 1965, p. 269-274.

29. Pentland, A. "The New Science of Great Teams". *Harvard Business Review*, abr. 2012.

30. Thompson, L.; Cohen, T. "Metacognitions in Teams and Organizations". In: *Social Metacognitions.* Ed. P. Brinol e K. G. DeMarree. New York: Psychology Press, 2012, p. 283-302.

31. Woolley, A. W. et al. "Bringing in the Experts: How Team Composition and Collaborative Planning Jointly Shape Analytic Effectiveness". *Small Group Research* v. 39, 2008, p. 352-371.

32. Levine J. M.; Moreland, R. L. "Group Socialization: Theory and Research". *European Review of Social Psychology*, v. 5, n. 1, 1994,p. 305-336.

33. West, M. A. "Innovation in Top Management Teams". *Journal of Applied Psychology*, v. 81, 1996, p. 680-693. West, M. A. "Reflexiivity, Revolution and Innovation in Work Teams". In: *Product Development Teams: Advances in lnterdisciplinary Studies of Work Teams.* Ed. M. Beyerlein. Riverside, CA: JAI Press, 2000, p. 1-30.

34. Liang, D. W.; Moreland, R.; Argote, L. "Group *versus* Individual Training and Group Performance: The Mediating Role of Transactive Memory". *Personality and Social Psychology Bulletin*, v. 21, 1995, p. 384-393.

35. Goodman, P. S.; Shah, S. "Familiarity and Work Group Outcomes". In: *Group Processes and Productivity.* Newbury Park, CA: Sage, 1992.

36. Hackman, J. R. "Teams, Leaders, and Organizations: New Directions for Crew-Oriented Flight Training". In: *Cockpit Resource Management.* Ed. E. L. Wiener, B. G. Kanki e R. L. Helmreich. San Diego, CA: Academic, 1993, p. 47-69.

37. Meister, I. G.; Krings, T.; Boroojerdi, B. B.; Müller, M.;Töpper, R.; Thron, A. "Playing piano in the mind ¾ an fMRI study on music imagery and performance in pianists". *Cognitive Brain Research*, v. 19, n. 3, 2004, p. 219-228. how-playing-an-instrument-benefits-your-brain-anita-collins.

38. Moreland, R. L.; McMinn, J. G. "Group Reflexivity and Performance". In: *Advances in Group Processes.* Ed. S. R. Thye e E. Lawler. Bingley, UK: Emerald Press, 2010, v. 27, p. 63-95.

39. Liang, D. W.; Moreland, R.; Argote, L. "Group versus Individual Training and Group Performance". *Personality and Social Psychology Bulletin*, v. 21, n. 4, 1995, p. 384-393.

40. Lau, D. C.; Murnighan J. K. "Interactions within Groups and Subgroups: The Effects of Demographic Faultlines". *Academy of Management Journal*, v. 48, n. 4, 2005, p. 645-659.

41. Gottman, J. M.; Coan, J.; Carrere, S.; Swanson, C. "Predicting Marital Happiness and Stability from Newlywed Interactions". *Journal of Marriage and the Family*, v. 60, n. 1, 1998, p. 5-22.

42. Menon, T.; Phillips, K. "Getting Even or Being at Odds? Cohesion in Even-and Odd-Sized Groups". *Organization Science*, v. 22, n. 3, 2011, p. 738-753.

43. Bluedorn, A. C.; Denhardt, R. B. "Time and Organizations". *Journal of Management*, v. 14, n. 2, 1988, p. 299-320.

44.McGrath, J. E.; Kelly, J. R.; Machatka, D. E. "The Social Psychology of Time: Entrainment of Behavior in Social and Organizational Settings". *Applied Social Psychology Annual*, n. 5, 1984, p. 21-44.

45. C. Gersick, "Marking Time: Predictable Transitions in Task Groups". *Academy of Management Journal*, v. 32, n. 2, 1989, p. 274-309.

46. "Building a Better Cubicle". *CBS News*, 31 jan. 2002. Disponível em: www.cbsnews.com/news/building-a-better-cubicle/. Acesso em: 20 set. 2018.

Capítulo 7

1. Mahatma Gandhi, conforme citação em : http://www.india.com/top-n/mahatma-gandhi-jayanti--top-15-memorable-and-inspiring-quotes-160998/. Acesso em: 20 set. 2018.

Índice Remissivo

Nota: os números das páginas seguidas pela letra *f* referem-se a figuras; aqueles seguidos pela letra *t* referem-se a tabelas.

B

C

D

E

S

T

V

W

Z

Sobre as Autoras

Tanya Menon é professora adjunta na Fisher College of Business, da Ohio State University. Sua pesquisa sobre liderança, colaboração e gestão global tem sido citada em diversos meios de comunicação, dentre os quais *Wall Street Journal*, *Financial Times*, *Boston Globe*, *The Economist Intelligence Unit*, *Times of London*, *The Guardian* (Reino Unido) e *Times of India*. Sua pesquisa mais recente considera como as pessoas pensam em relação às suas redes e captam o seu valor. No momento ela é editora-associada da revista acadêmica *Management Science*.

Menon também é uma professora apaixonada. Ganhou diversas premiações na área de ensino e, durante seus dez anos como professora da University of Chicago Booth School of Business, seus cursos ficavam totalmente lotados. Tais cursos combinavam teoria com projetos práticos de consultoria em organizações locais sem fins lucrativos. Ela juntamente a Lee Hillman (CEO na área de Chicago) davam um famoso curso sobre liderança. Também tem se apresentado como palestrante de destaque e dado cursos executivos ao redor do mundo inteiro.

Sua refinada consultoria operacional para uma das 500 Maiores Empresas da revista *Fortune* por mais de cinco anos levou a ganhos mensuráveis, já que essa empresa atingiu resultados dignos de prêmio na área de atendimento ao cliente.

Sua monografia sobre pobreza urbana, sob a orientação do professor Chris Winship, foi agraciada com o Hoopes Prize como uma das melhores da Harvard University. Seu título de PhD foi obtido na Stanford Graduate School of Business. Antes de entrar nesta faculdade, Menon foi pesquisadora-assistente na INCAE Business School da Costa Rica e estagiária na filial londrina do Morgan Stanley.

Para maiores informações sobre Tanya Menon, visite o site http://menon.socialpsychology.org/.

Leigh Thompson é uma acadêmica reconhecida internacionalmente na área de negociações, tomada de decisão em grupo, criatividade nas equipes, trabalho em grupo e colaboração. Thompson é professora (com a distinção a J. Jay Gerber) de Solução de Disputas & Organizações da Kellogg School of Management, na Northwestern University. É autora de 11 livros, entre os quais: *Creative Conspiracy: The New Rules of Breakthrough Collaboration*; *Making the Team: A Guide for Managers*; *The Mind and Heart of the Negotiators* e *The Truth About Negotiations*.

Thompson é diretora do programa executivo *Leading High Impact Teams* (Liderando Equipes de Alto Impacto) da Kellogg, do programa executivo Estratégias de Negociação e do programa executivo Colaboração Construtiva. Ela realiza pesquisas e ensina ao redor do mundo. Entre seus livros, *The Truth About Negotiations* é um *best-seller*, tendo sido traduzido para sete idiomas; *The Mind and Heart of the Negotiator* foi traduzido para quatro idiomas; e *Making the Team*, para dois.

Thompson criou o popular High Performance Collaboration MOOC e a série de vídeo-aulas *on-line* Negotiation 101 e Teamwork 101 para gestores e executivos. Além disso, criou as animações de três minutos *Is Your Team Slacking?*, *Managing Virtual Teams*, *High-Performance Negotiation Skills for Women* e *How Brainstorming Can Neutralize the Loudmouths*.

O trabalho de Leigh sobre criatividade nas equipes figurou nas *Fast Company* e *Business Week*. Ela atua em comitês editoriais de várias revistas acadêmicas e é membro da Academy of Management.

Para maiores informações sobre Leigh Thompson, visite o seu site http://leighthompson.com/.

GRÁFICA PAYM
Tel. [11] 4392-3344
paym@graficapaym.com.br